Comment dompter l'informatique ?

Les TCD Excel: Vous souhaitez enfin comprendre les tableaux croisés dynamiques ?

Par Philippe RIQUELME

Lien de téléchargement des ressources en page 87

© 2022 - Publié par AZURATEC (58 avenue de Vallauris – 06400 CANNES – France). Tous droits réservés.

Dépôt légal : Décembre 2022

ISBN : 9798415922611

Tous droits de traduction, d'adaptation et de reproduction par tous procédés réservés pour tous pays.

Toute reproduction ou représentation intégrale ou partielle par quelque procédé que ce soit des pages publiées dans le présent ouvrage, faite sans l'autorisation de l'éditeur est illicite et constitue une contrefaçon. Seules sont autorisées, d'une part, les reproductions strictement réservées à l'usage privé du copiste et non destinées à une utilisation collective, et d'autre part, les courtes citations justifiées par le caractère scientifique ou d'information de l'œuvre dans laquelle elles sont incorporées (art. L. 122-4, L. 122-5 et L. 335-2 du Code de la propriété intellectuelle).

TABLE DES MATIÈRES

Introduction 1

Partager l'écran en 2 sous windows 3

1 - Présentation des TCD 5

    Un TCD simple 6

    Un TCD qui croise deux types de données 6

    Un graphique croisé dynamique 6

2 - Structurer les données sources 7

    Contrôler la saisie des données 7

    Ne pas oublier les en-têtes des colonnes 7

    Construire la plage de données à l'aide de la commande tableau 7

3 - Ajouter l'assistant TCD à la barre d'outils accès rapide 8

    La barre d'outils accès rapide 8

    Supprimer un bouton de la barre d'outils accès rapide 10

4 - Créer un TCD avec l'assistant TCD 11

    Au préalable 11

    Les étapes de l'assistant TCD 12

    Le cas des plages de feuilles de calcul avec étiquettes 15

    Le cas des tableaux (Liste ou Base de données) 16

5 - Créer un TCD avec un modèle 17

6 - Créer son TCD 20

    Créer le TCD sur une nouvelle feuille 22

7 – Utilisation des filtres dans les TCD 28

    Les filtres depuis le rapport TCD 29

    Les filtres depuis la liste des champs du TCD 33

    Les filtres s'appliquant aux étiquettes du rapport TCD 34

    Affiner un filtre 36

Effacer un filtre	38
Filtres s'appliquant aux valeurs	38
Exercice pratique « Gestion d'un tournoi »	39

8 – Les segments 40

Insérer un segment à partir d'un TCD	41
Le fonctionnement du segment (sélections simples)	44
Le fonctionnement du segment (sélections multiples)	46
Les segments chronologiques	48
Exercice pratique « Numéro 209 »	52

9 – Les graphiques TCD 53

10 – Regrouper ou dissocier des données 61

Regrouper et dissocier des champs de type Date	61
Regrouper et dissocier des champs de type Texte	64
Modifier les noms de regroupement	67
Enlever le détail d'un niveau de regroupement	67
Utiliser le filtre de page avec le regroupement	68
Dissocier un regroupement	69
Regrouper et dissocier des champs de type numérique	69
Afficher une répartition (en pourcentage) sur un regroupement	72

11 – Mettre à jour un TCD 74

Actualiser manuellement le TCD	74
Actualiser le TCD après avoir complété le tableau source	77

12 – Régler certaines options du TCD 79

Actualiser manuellement le TCD	79
Changer le nom d'un TCD	80
Actualiser des données automatiquement à l'ouverture du classeur	81
Aérer les groupements avec des retraits plus importants	82
Les totaux généraux	83
Les boutons de regroupement	83
Personnaliser l'affichage	84

Evaluation du livret 86

Télécharger les fichiers ressources 87

INTRODUCTION

Des livrets-ressources pour gagner en autonomie

Chaque livret décrit étape par étape la réalisation d'un travail complet pour que l'apprenant puisse apprendre par l'exemple.

Nous partons du principe que le meilleur moyen d'apprendre est de montrer comment le faire et de vous demander de le faire.

En utilisant ces livrets en écran-partagé, nous recommandons de suivre les explications sur une moitié d'écran tout en travaillant sur le logiciel dans la seconde moitié d'écran. Pour les personnes plus outillées, il est ainsi possible d'utiliser deux écrans connectés à l'ordinateur avec la fonction étendue. Une solution très simple consiste également à télécharger ce livret sur son smartphone ou une tablette tactile, pour le consulter tout en effectuant les manipulations recommandées sur la version logicielle installée sur son ordinateur.

L'objectif de ce livret est de vous amener à manipuler diverses commandes et fonctionnalités du logiciel, avec une mise en pratique immédiate.

Le classement par chapitre vous permettra de revenir sur des commandes précises pour la nécessité d'une révision ou d'une application sur un autre travail.

- Les chapitres 1 à 5 sont destinés à des débutants n'ayant jamais créé ou peu utilisé des TCD. Ils apportent une vue globale et démystifient cette fonctionnalité.
- Les chapitres 6 à 9 sont destinés à des débutants connaissant un peu l'usage des TCD (en tant qu'utilisateurs ou en ayant créé des TCD sur d'anciennes versions d'Excel), ainsi qu'à des niveaux intermédiaires ayant déjà créé des TCD et souhaitant découvrir de nouvelles fonctionnalités. Ils permettent de créer soi-même des TCD avec des procédures décrites pas à pas.
- Les chapitres 10 à 12 permettent de compléter ses connaissances sur les TCD.

Pour vous aider à prendre en main les fonctionnalités abordées dans ce livret, des ressources complémentaires sont mises à votre disposition :

Les classeurs d'exemples :

Un dossier contient les classeurs Excel, il se nomme « **Classeurs à utiliser** ».

Quand un classeur est nécessaire dans un chapitre, une indication en rouge (comme l'exemple ci-dessous) vous indiquera le classeur à ouvrir.

Classeur à télécharger

➔ *Utiliser le classeur « monTCD_1 ».*

Les vidéos de démonstration :

Il est parfois plus pratique de visualiser une démonstration pour bien comprendre les explications d'une fonctionnalité. Certaines vidéos (hébergées sur notre chaîne Youtube) peuvent être activées directement à partir de ce livret.

Une indication (comme l'exemple ci-dessous) vous invitera à ouvrir la lecture d'une vidéo.

Appuyer sur le projecteur pour visualiser une vidéo de présentation sur les modes d'affichages (vues).

Durée de la vidéo : 4:01

La lecture de la vidéo s'effectue automatiquement via une intégration du média Digiplay by La Digitale ([lien sur Digiplay](#)) en toute sécurité pour éviter d'être distrait par l'interface proposé par le site youtube.

Chaque vidéo peut également être activée par le QR Code associé pour être visualisée sur un smartphone ou une tablette.

Lien de la playlist des vidéos en page 87

PARTAGER L'ECRAN EN 2 SOUS WINDOWS

Il existe sous Windows, une astuce fort utile pour scinder son écran en 2 moitiés, avec la visualisation sur chacune d'un document différent. Nous vous recommandons d'utiliser le plus souvent possible cette manipulation durant votre apprentissage avec ce livret.

Etape 1 : Ouvrir l'application Powerpoint et rester sur la page d'accueil.

Etape 2 : Ouvrir ce livret.

Etape 3 : Sur le clavier, appuyer sur la touche Windows et la maintenir enfoncée.

Etape 4 : Appuyer sur la touche flèche gauche du clavier une seule fois et relâcher la touche Windows.

Ce livret occupe dorénavant la moitié gauche de l'écran.

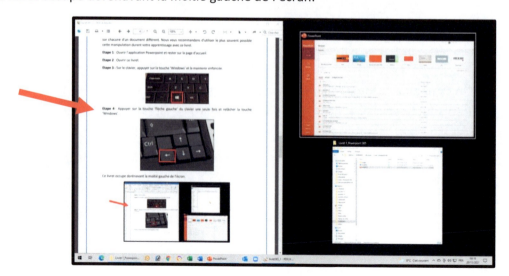

Etape 5 : Cliquer maintenant sur la vignette du logiciel Powerpoint qui se trouve sur la moitié droite pour que cette application s'agrandisse automatiquement dans la totalité de la seconde moitié de l'écran.

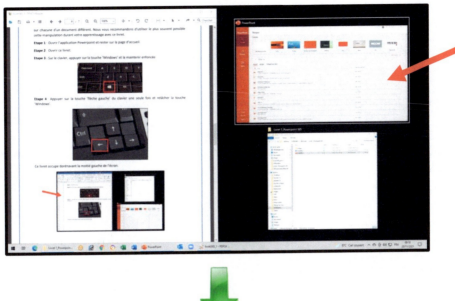

Il est maintenant possible de faire défiler le document PDF qui se trouve à gauche pour suivre les explications, ou d'effectuer son travail sur le logiciel qui se situe à droite.

Les deux moitiés d'écran sont indépendantes.

En cliquant sur le carré situé en haut à droite d'une fenêtre, celle-ci retrouve sa taille en plein écran.

1 - PRESENTATION DES TCD

Les tableaux croisés dynamiques (que l'on nommera **TCD** pour la suite) assurent une assistance à l'analyse décisionnelle, en synthétisant les l'informations provenant d'une base (ou liste) de données.

Ils permettent de réaliser des calculs très puissants, sur des gros volumes de données avec des durées très courtes.

L'utilisation de graphiques et de segments augmentent le potentiel extraordinaire de cette commande.

Un TCD est également nommé rapport de tableau croisé dynamique. Il permet de calculer, de synthétiser et d'analyser des données de la feuille de calcul ou d'une source de données externe. La présentation des données est effectuée dans un tableau à double entrée, utilisable en trois dimensions avec :

- Une liste d'arguments provenant des données présentées en lignes,
- Une liste d'arguments provenant des données présentées en colonnes,
- Des valeurs résultats d'opérations arithmétiques (somme, nombre, moyenne, max, min, produit, chiffres, ecartype, ecartypep, var et varp) à l'intersection des lignes et colonnes.

L'appellation « dynamique » exprime le fait que le tableau est recalculé automatiquement, chaque fois que la disposition du TCD ou les données sources sont modifiées.

Cette actualisation n'est pas automatique. Le rafraîchissement du TCD s'effectue sur ordre (en activant la commande *Actualiser*).

Un TCD est particulièrement utile lorsque vous disposez d'un grand volume de valeurs nécessitant d'être examinée selon diverses perspectives pour mettre en évidence des comparaisons et des tendances.

2 points importants :

- La plage des données doit contenir des en-têtes de colonne,
- Il ne doit exister aucune ligne vide dans cette plage de données.

De la version **Excel 97** à la version **2003**, le TCD est généré grâce à un assistant. Il est appelé à partir du menu **Données** avec la commande *Rapport de tableau croisé dynamique*.

Depuis la version **Excel 2007**, et les suivantes **(version 365 comprise),** la commande est dans l'onglet-menu INSERTION, puis dans le *groupe Tableau* du ruban :

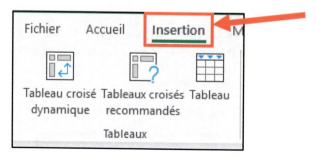

Un TCD simple

Dans sa forme la plus simple un TCD synthétise les données sans saisir la moindre formule de calcul.

Dates	Vendeurs	Produits	Devis		Étiquettes de lignes	Somme de Devis
14-janv	Alain	Cuisine A	12 020,00 €		Alain	33 670,00 €
05-janv	Julie	Cuisine A	8 950,00 €		Julie	15 730,00 €
09-janv	Marc	Cuisine B	4 600,00 €		Marc	22 500,00 €
11-janv	Marie	Cuisine A	8 450,00 €		Marie	17 250,00 €
12-janv	Alain	Cuisine C	11 250,00 €		Total général	89 150,00 €
13-janv	Alain	Cuisine C	10 400,00 €			
15-janv	Marc	Cuisine B	8 400,00 €			
15-janv	Julie	Cuisine A	6 780,00 €			
16-janv	Marc	Cuisine C	9 500,00 €			
18-janv	Marie	Cuisine B	8 800,00 €			

Un TCD qui croise deux types de données

Le même tableau source peut donner un TCD avec deux types de données (Vendeurs et Produits) qui se croisent.

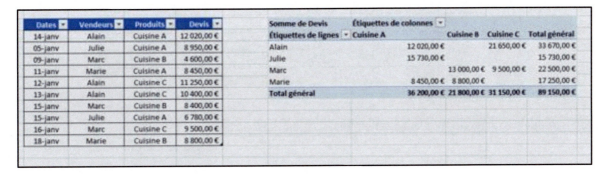

Un graphique croisé dynamique

Il est possible également de donner un aspect plus visuel à ses données, sous forme d'un graphique croisé dynamique.

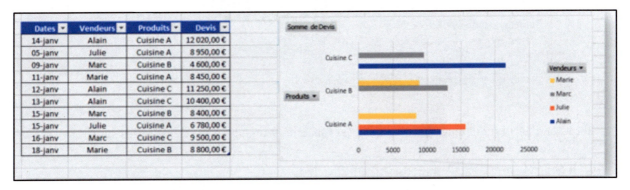

2 - STRUCTURER LES DONNEES SOURCES

Contrôler la saisie des données

Pour pouvoir travailler avec un TCD, il est très important d'avoir des données fiables et surtout détaillées.
Canaliser la saisie des données en utilisant des codes ou des références. Ou réduire la saisie (et les erreurs) en utilisant des listes déroulantes.

Ne pas oublier les en-têtes des colonnes

Pour pouvoir lire le contenu des colonnes, le TCD doit se repérer à l'aide des étiquettes d'en-tête des colonnes.

	A	B	C	D	E	F
1						
2	mois	trimestre	voiture	maison	alimentaire	loisirs
3	janvier	T1	160	600	260	60
4	février	T1	165	420	310	120
5	mars	T1	260	320	320	80
6	avril	T2	152	550	320	100
7	mai	T2	201	520	330	56
8	juin	T2	196	590	352	95
9	Juillet	T3	196	587	451	120

Construire la plage de données à l'aide de la commande tableau

La commande est dans l'onglet-menu **INSERTION**, puis dans le *groupe Tableaux* du ruban :

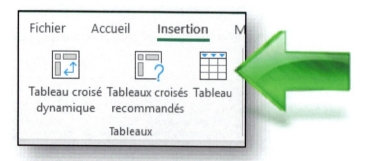

Un tableau permet de regrouper et d'analyser facilement un ensemble de données car :

- Il oblige la présence d'étiquettes en en-tête de colonne,
- Il oblige à avoir un ensemble de données compactes et sans lignes complétement vides,
- Il intègre des boutons de filtrage associés aux étiquettes de colonne.

3 - AJOUTER L'ASSISTANT TCD A LA BARRE D'OUTILS ACCES RAPIDE

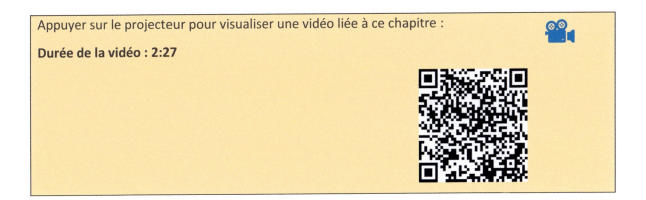

Il existe trois méthodes pour la création d'un TCD

- Soit manuellement sans aucun guide (l'utilisateur fera ses propres choix),
- Soit automatiquement sans aucun guide (le TCD se construira sans solliciter l'utilisateur),
- Soit à l'aide d'un assistant qui nous guide dans les différentes étapes.

Le *groupe de commandes* **TABLEAU** du menu **INSERTION** propose les 2 premiers choix, mais pas le 3ème.

Lorsque l'on débute, l'utilisation de l'assistant peut s'avérer fort utile, mais celui-ci n'est plus proposé dans les menus par défaut. L'utilisateur doit le retrouver dans les nombreuses options cachées de l'application.

Aussi nous allons ajouter cette commande à la barre d'outils accès rapide.

La barre d'outils accès rapide

La barre d'outils accès rapide permet de bénéficier, en permanence, de raccourcis pour les commandes favorites. Elle est située, en haut de la fenêtre de l'application. Elle comporte déjà les commandes **Enregistrer**, **Annuler** et **Répéter**.

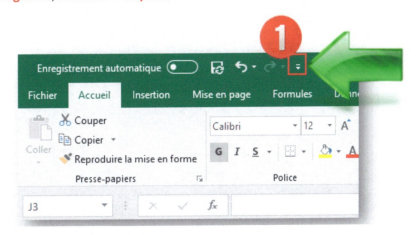

Un petit bouton fléché permet d'ouvrir un menu déroulant.

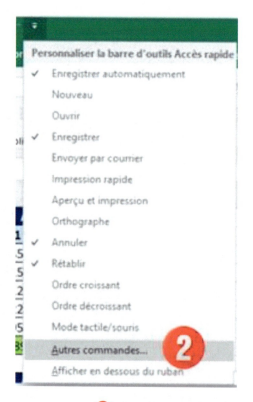

Sélectionner la ligne "**Autres commandes...**" ②

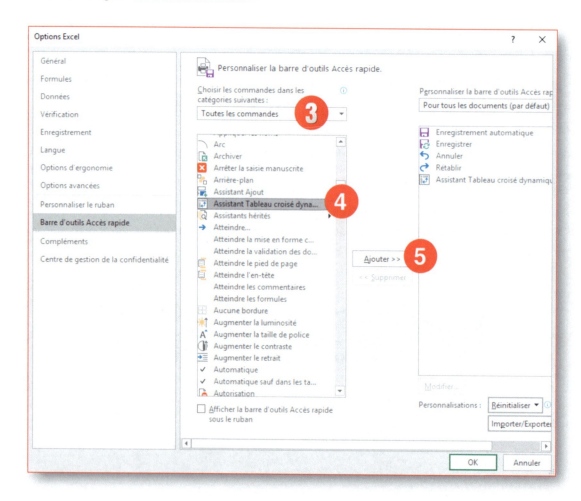

Dans la liste déroulante du haut, sélectionner "**Toutes les commandes**". [3]

Dans la liste de gauche, cliquer sur "**Assistant tableau croisé dynamique**". [4]

Puis cliquer sur le bouton **AJOUTER**. [5] Ce qui ajoute la commande à la liste de droite.

Et valider en cliquant sur le bouton **OK.**

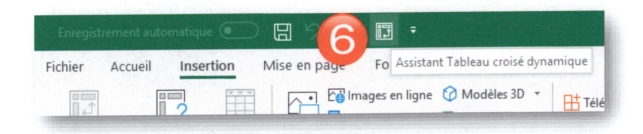

Le bouton "**Assistant TCD**" a été ajouté, à l'extrémité droite, de la barre d'outils accès rapide. [6]

Supprimer un bouton de la barre d'outils accès rapide

Par la suite, si l'assistant n'est plus utile, il est possible de supprimer le bouton-raccourci de la barre d'outils accès rapide.

- Effectuer un clic sur le bouton droit de la souris pour ouvrir le menu contextuel.
- Sélectionner la première commande du menu "Supprimer de la barre d'outils accès rapide".

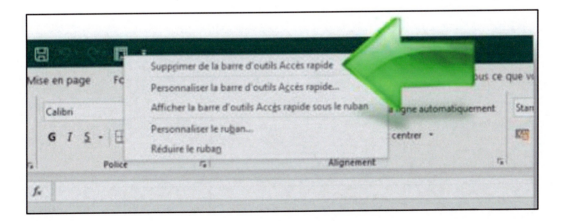

4 - CREER UN TCD AVEC L'ASSISTANT TCD

Appuyer sur le projecteur pour visualiser une vidéo liée à ce chapitre :

Durée de la vidéo : 5:53

L'assistant TCD est un outil très puissant permettant d'accéder à diverses options, comme l'importation de données externes ou la sélection de plusieurs plages de données.

Ce chapitre présente l'assistant TCD pour un premier usage, très simple.

Dans les chapitres suivants, nous reviendrons sur l'utilisation de l'assistant TCD avec des utilisations plus avancées.

Au préalable

Les données (valeurs et étiquettes de lignes et de colonnes) doivent exister, soit dans le classeur, soit dans une source externe à Excel.

Dans une feuille de calcul du classeur, les données peuvent être regroupées dans un tableau unique, avec des étiquettes pour chacune des colonnes et sans lignes ou colonnes vides.

Les données peuvent être, aussi issues de plusieurs plages de cellules, avec des aspects et des étiquettes (lignes et colonnes) identiques.

Elles peuvent, également provenir d'une source externe, telle qu'une base de données Microsoft Access ou Microsoft SQL Server ou dans un cube OLAP (Online Analytical Processing). Dans ce cas, vous devez vous connecter à la source de données externe.

Enfin, un TCD peut être créé à partir des données d'un TCD déjà existant.

Les étapes de l'assistant TCD

Etape 1

- Se positionner sur une cellule vide de la feuille de calcul,
- Cliquer sur le bouton "Assistant Tableau croisé dynamique" de la barre d'outils accès rapide.

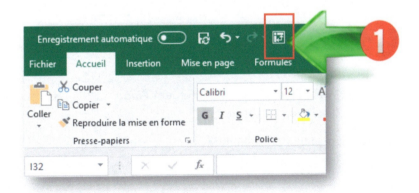

Etape 2

- Sélectionner la source des données (emplacement d'un tableau compact, emplacement externe, emplacements de plusieurs plages de cellules ou emplacement d'un autre TCD),
- Sélectionner le type de rapport souhaité (TCD ou graphique TCD).

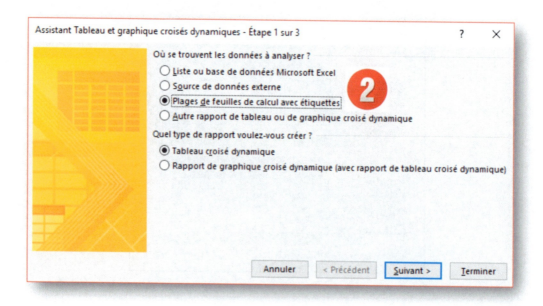

Etape 3

- Renseigner la, ou les, zone(s) de cellules.

Dans le cas d'un tableau (liste ou base de données Excel) :

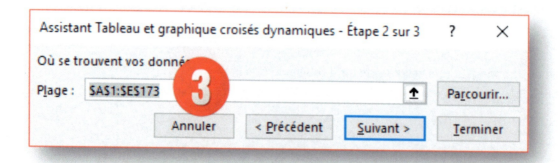

Il faut saisir (ou sélectionner avec la souris) dans l'argument **Plage** ; la zone de cellules du tableau source, avec des écritures en références absolues.

Dans le cas d'une ou plusieurs plages de cellules (avec étiquettes identiques) :

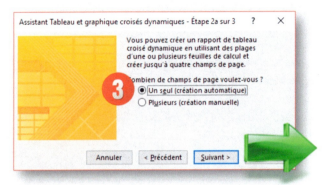 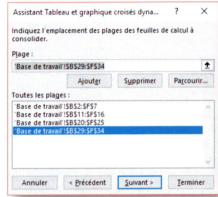

Le terme champ se réfère à l'étiquette d'une colonne.

Un champ de page permet d'ajouter un élément de filtrage au TCD, différent des étiquettes (champs) sélectionnées pour être les lignes et les colonnes du TCD.

Il faut saisir (ou sélectionner avec la souris) dans l'argument **Plage** ; la zone de cellules de chacun des tableaux sources, avec des écritures en références absolues (avec le nom de la feuille de calcul). Cliquer sur le bouton **AJOUTER** après chacune des sélections de plages pour ajouter celle-ci à la liste.

Etape 4

La dernière étape de l'assistant permet de désigner l'emplacement du TCD dans la feuille existante (en précisant une cellule de départ située en haut à gauche du futur TCD, avec une écriture en référence absolue).

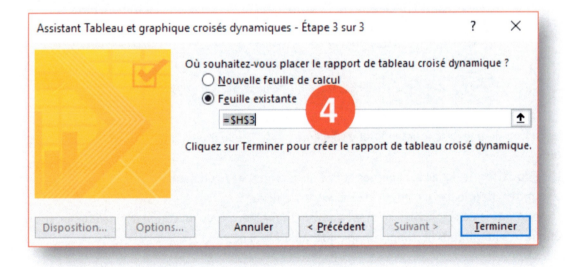

Ou en précisant que le futur TCD se placera dans une nouvelle feuille de calcul, à partir de la cellule A1.

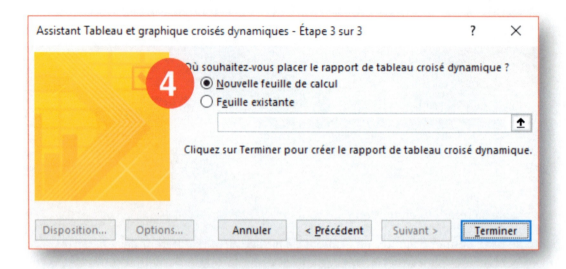

Le cas des plages de feuilles de calcul avec étiquettes

Dans le cas, où l'on a sélectionné l'option "*Plage de feuilles de calcul avec étiquettes*", et un seul champ de page, nous obtenons automatiquement un TCD sous cette forme :

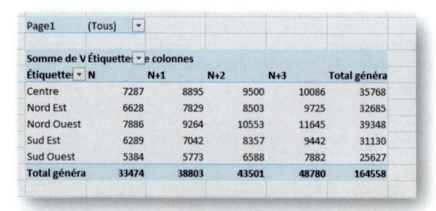

- Le champ de page est situé en haut et désigné par le libellé **Page1**. Il comporte un bouton de filtrage.
- Les étiquettes de lignes sont créées automatiquement avec un cumul des valeurs pour des étiquettes identiques. Il comporte un bouton de filtrage.
- Les étiquettes de colonnes sont créées automatiquement avec un cumul des valeurs pour des étiquettes identiques. Il comporte un bouton de filtrage.

Un total général en ligne et un autre en colonne, ont été automatiquement ajouté.

Les filtres sont immédiatement opérationnels.

Exemple d'un filtre en ligne ci-dessous.

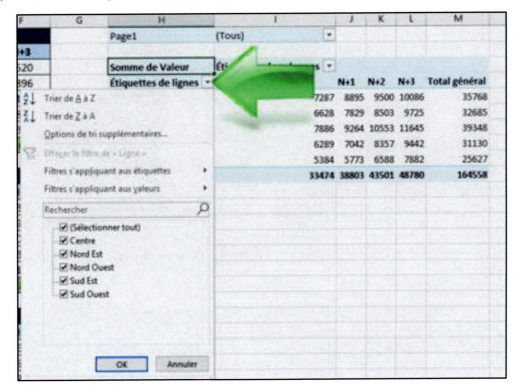

Le cas des tableaux (Liste ou Base de données)

Dans le cas, où l'on a sélectionné l'option "*Liste ou base de données Microsoft Excel*", le TCD n'est pas généré automatiquement à la fin de l'assistant.

Un guide va nous permettre de placer, nous-même, les champs (ligne, colonne, valeur et champ de page) sur le rapport TCD.

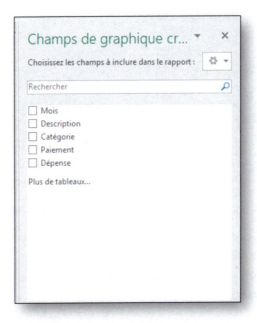

5 - CREER UN TCD AVEC UN MODELE

Appuyer sur le projecteur pour visualiser une vidéo liée à ce chapitre :

Durée de la vidéo : 3:16

Excel vous propose, dès son lancement, de créer un nouveau classeur à partir d'un modèle préfabriqué.

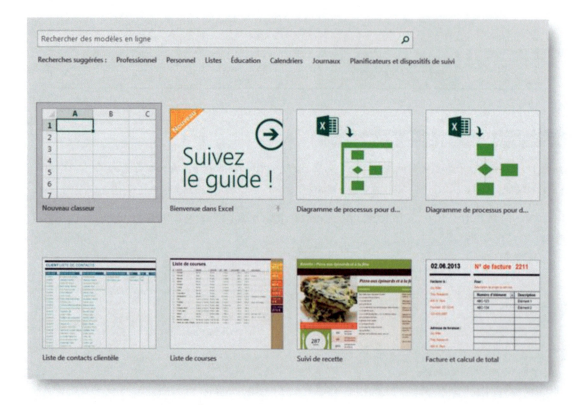

Certains de ces modèles peuvent servir de base à un TCD.

Pour commencer, il faut soit cliquer sur l'image d'un modèle, soit utiliser la barre de recherche.

Dans ce chapitre, nous allons utiliser le budget familial avec graphique, qui permet de découvrir un ensemble complet de TCD, avec son tableau, ses graphiques, ses segments et ses filtres. Ainsi nous pourrons découvrir les fonctionnalités qui seront développées par la suite dans les chapitres suivants.

- Ouvrir l'application Excel,
- Cliquer sur le pictogramme ***Nouveau***, situé à gauche de l'écran,

- Saisir le texte « budget familial » dans la barre de recherche située en haut de l'écran
- Activer la recherche en cliquant sur le pictogramme de la loupe.

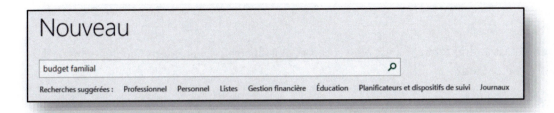

Plusieurs modèles peuvent être proposés.

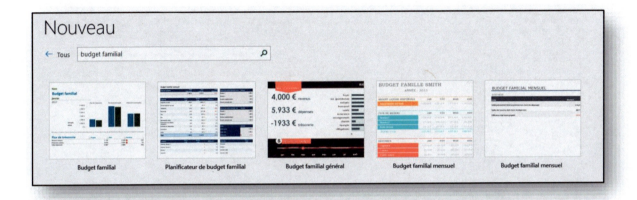

Toutefois, si sur votre poste de travail, aucun modèle n'est proposé, ou si la liste affichée ne contient pas le modèle « Budget familial avec graphique », celui-ci est mis à votre disposition avec ce livret.

Classeur à télécharger

➔ *Utiliser le classeur « Budget familial avec graphique ».*

Ce modèle est intéressant car il est bien complet et il illustre parfaitement l'enchaînement des chapitres de ce livret.

Enumérons ses éléments :

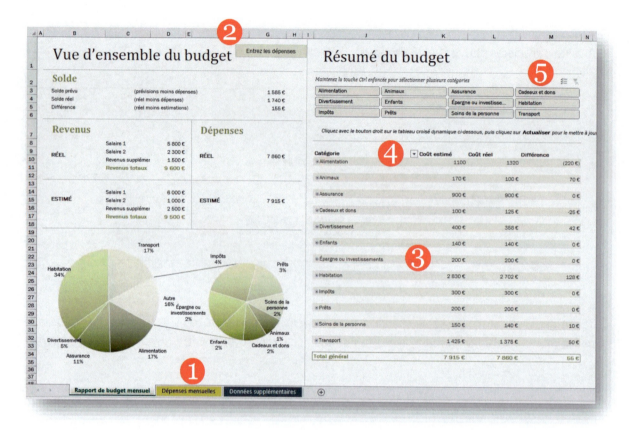

1) Les données sources sont stockées dans la feuille « **dépenses mensuelles** » accessible à partir de l'onglet de la feuille situé en bas de l'écran.
2) Le bouton « **Entrez les dépenses** » permet d'accéder directement à la feuille « **dépenses mensuelles** ».
3) Le TCD est placé à droite de l'écran.
4) Les catégories peuvent être filtrées à l'aide du bouton-raccourci.
5) Les catégories peuvent également être filtrées à l'aide du segment.

6 - CREER SON TCD

Appuyer sur le projecteur pour visualiser une vidéo liée à ce chapitre :

Durée de la vidéo : 6:41

Au départ, il est nécessaire de posséder une source de données, sous forme d'un tableau compact.

Classeur à télécharger

→ *Utiliser le classeur « monTCD_1 ».*

	A	B	C	D
1	Description	Catégorie	Coût estimé	Coût réel
2	Activités extrascolaires	Enfants	40	40
3	Soins médicaux	Enfants		
4	Fournitures scolaires	Enfants		
5	Frais de scolarité	Enfants	100	100
6	Concerts	Divertissement	50	40
7	Théâtre	Divertissement	200	150
8	Cinéma	Divertissement	50	28
9	Musique (CD, téléchargements, etc.)	Divertissement	50	30
10	Sport	Divertissement	0	40
11	Vidéo/DVD (achat)	Divertissement	20	50
12	Vidéo/DVD (location)	Divertissement	30	20
13	Restaurants	Alimentation	1000	1200

Comme vu précédemment dans le chapitre 2 :

- La feuille « **dépenses mensuelles** » contient uniquement les données brutes,
- La première ligne « **ligne 1** » contient les noms de colonnes,
- Aucune ligne n'est entièrement vide,
- Les libellés de la colonne catégorie ont été regroupé dans une liste.

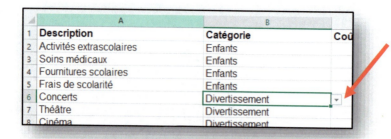

Cliquer, par exemple, sur la cellule B6 pour faire apparaître le bouton-flèche de la liste déroulante.

Les listes déroulantes sont particulièrement utiles pour éviter les erreurs de saisie dans les tableaux de données.

La liste des catégories a été placé dans la seconde feuille qui se nomme « **Données supplémentaires** ».

Cette liste est triée par ordre alphabétique croissant.

Un nom (*CatégorieBudget*) a été associé à la zone de cellules $A$2:AA13

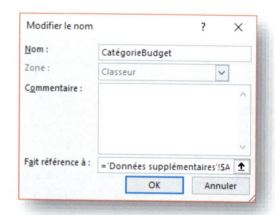

Les cellules B2 à B60 de la feuille « **Dépenses mensuelles** » ont été associé à ce nom, sous forme de liste depuis la commande **Validation des données** du menu **DONNEES**.

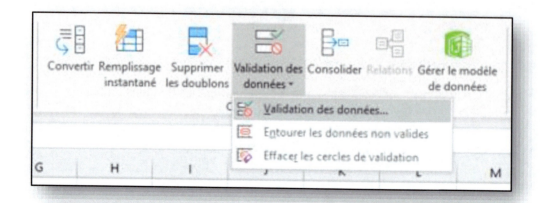

21

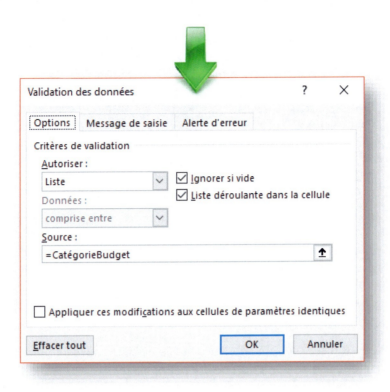

Créer le TCD sur une nouvelle feuille

- Cliquer sur une cellule du tableau (Par exemple ; la cellule B6),
- Activer la commande **Tableau croisé dynamique** dans le menu **INSERTION**,

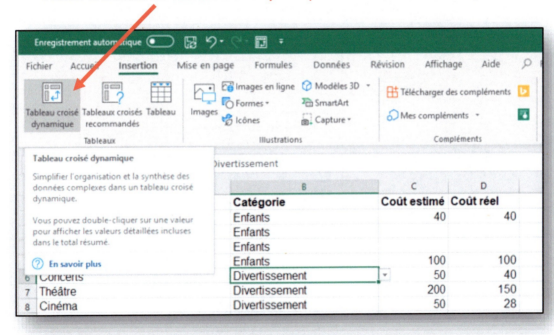

- Cette commande activera une boîte de dialogue.

Vérifier la plage de cellules dans la zone **Tableau/Plage**. Celle-ci est automatiquement déterminée, mais vous pouvez la remplacer en désignant une autre plage ou un nom de tableau. Il est également possible de choisir une source de données externes.

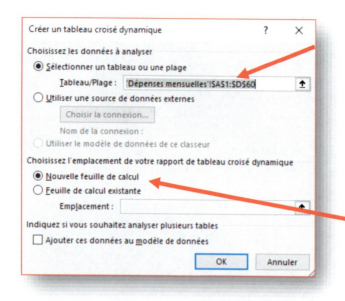

Les références du tableau dans son intégralité ont été inscrite dans la première case.
Ces références sont en absolues et comportent également le nom de la feuille.

Conserver l'option sélectionnée pour l'emplacement sur une nouvelle feuille de calcul.

- Le rapport TCD est placé dans une nouvelle feuille de calcul qui se nomme « *Feuil2* »,
- Renommer cette feuille en « *Rapport de budget mensuel* ».

La partie gauche de la nouvelle feuille comporte une image désignant la zone dans laquelle le report sera construit.

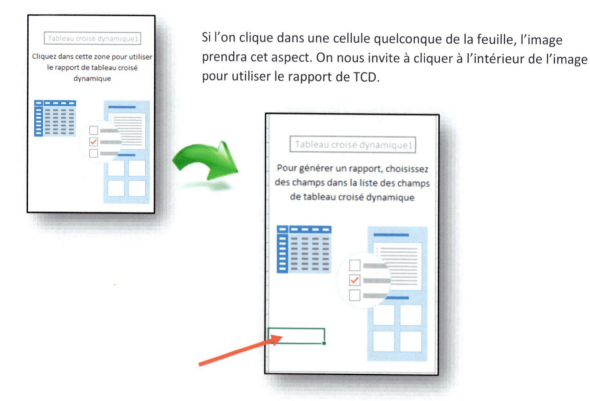

Si l'on clique dans une cellule quelconque de la feuille, l'image prendra cet aspect. On nous invite à cliquer à l'intérieur de l'image pour utiliser le rapport de TCD.

Le texte de l'image a changé, en nous proposant de générer le rapport en choisissant les champs dans la liste des champs de TCD.

Les champs sont, en fait, les noms des colonnes du tableau des données sources.
Ils sont apparus dans un cadre, à la droite de la feuille de calcul.

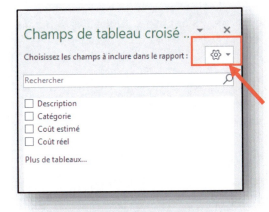

L'ordre des champs dans la liste est celui des colonnes de la feuille de données source. La colonne A contient le libellé **Description**, la colonne B contient le libellé **Catégorie**, etc …

Il est possible de changer l'ordre des champs, en les faisant apparaître par ordre alphabétique, en changeant le paramètre à partir du bouton avec le pictogramme en forme d'engrenage.

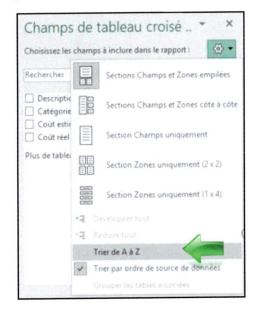

Chacun des champs est associé à une case à cocher. Lorsqu'un champ sera utilisé dans le rapport TCD, sa case associée sera cochée. Au départ, aucune case n'est cochée car les champs n'ont pas encore été utilisé dans le rapport TCD.

Pour afficher la liste des catégories dans le TCD, il faut donc cocher la case du champ ***catégories***.

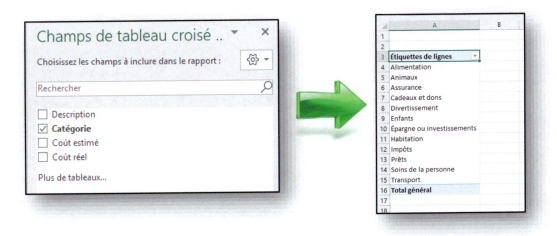

L'image présente à gauche de la feuille a été remplacée par la liste des catégories, rangées par ordre alphabétique.

Après la dernière catégorie (Transport), la cellule suivante contient le texte « **Total général** » en prévision des futurs calculs.

Un menu déroulant a également été ajouté au-dessus de la liste, il s'appelle « **Etiquettes de lignes** ».

Le bouton-flèche situé à droite de ce menu propose des commandes pour trier la liste des étiquettes et filtrer les données à afficher.

(Les filtres seront détaillés par la suite dans un chapitre spécifique).

Dans la partie inférieure droite de l'application, un cadre de 4 zones a été ajouté.

Ces zones recensent les noms de champs utilisés et leurs attributions respectives.

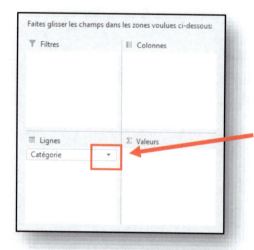

Pour ce début, le champ **Catégorie** avait été placé sur le générateur de rapport et les différentes catégories du tableau source étaient présentées en lignes.

Il se retrouve donc dans la zone « *Lignes* ».

Une flèche déroulante apparaît sur le nom du champ et propose un menu avec des commandes associées à ce champ.

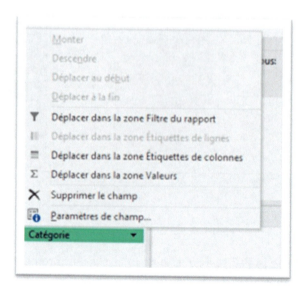

Ajouter maintenant les champs de coût (« *coût estimé* » et « *coût réel* ») au rapport. Pour cela, il est possible de faire glisser chacun des champs de la liste des champs vers la zone « Valeurs ».

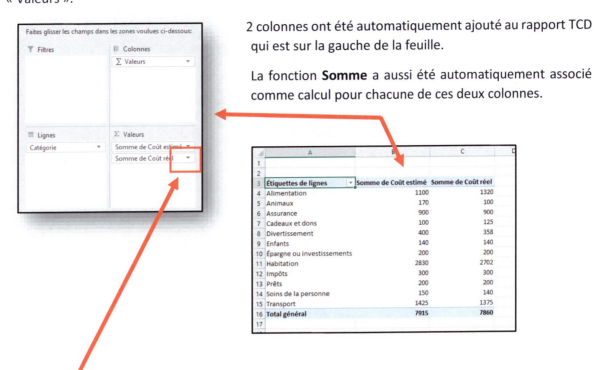

2 colonnes ont été automatiquement ajouté au rapport TCD qui est sur la gauche de la feuille.

La fonction **Somme** a aussi été automatiquement associé comme calcul pour chacune de ces deux colonnes.

Une flèche déroulante apparaît sur le nom du champ et propose un menu avec des commandes associées à ce champ.

La fonction Somme est toujours donnée par défaut sur la zone « Valeurs », mais il est possible de choisir une autre fonction à appliquer, en ouvrant le menu déroulant associé au champ.

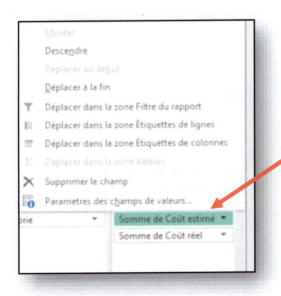

Puis en sélectionnant la commande « **Paramètres des champs de valeurs** », une boîte de dialogue permet de choisir un nouveau type de calcul pour le champ sélectionné :

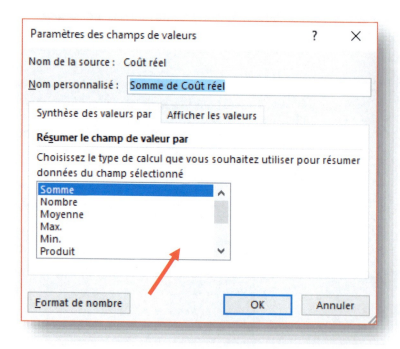

Il est également possible de changer le format de nombre pour les valeurs de ce champ.

Remarque 1 : Un champ peut être supprimé de sa zone en le faisant glisser vers la feuille de calcul.

Remarque 2 : En cliquant sur une cellule vierge de la feuille de calcul, les cadres du générateur TCD situés à droite, disparaissent. Pour les faire réapparaître, il suffit de cliquer sur une cellule du rapport TCD.

7 – UTILISATION DES FILTRES DANS LES TCD

Appuyer sur le projecteur pour visualiser une vidéo liée à ce chapitre :

Durée de la vidéo : 6:07

Cette vidéo de démonstration présente la mise en place des filtres (filtre de page et filtre d'étiquette) dans un rapport TCD.

Partie 1 sur 2.
- Le filtre de page
- La liste déroulante du filtre
- Placer les champs dans les zones
- Trier les valeurs dans un filtre

Le TCD dispose d'outils de filtrage très puissants permettant d'afficher ou de masquer certaines données afin de faciliter les analyses.

Classeur à télécharger

➔ *Utiliser le classeur « suivi_projets_v1 ».*

Dans ce chapitre nous utiliserons un tableau de données listant le nombre d'heures passées par mois et par projets pour une équipe de collaborateurs. Cette liste d'informations peut être synthétisée par le TCD ci-dessous que nous allons filtrer à l'aide du champ « *Projets* ».

- Cliquer sur une cellule du tableau de données (par exemple B6),
- Activer le menu **INSERTION**,
- Sélectionner la commande TCD,
- Vérifier que la zone $A$5 :D$60 est bien inscrite dans la case **Tableau/page**, et que l'emplacement du futur TCD sera sur une nouvelle feuille de calcul,
- Renommer la nouvelle feuille en « ***Rapport TCD*** »,
- Depuis la liste des champs (située à droite de l'application), déplacer le champ « *Projets* » dans la zone **Filtre**.

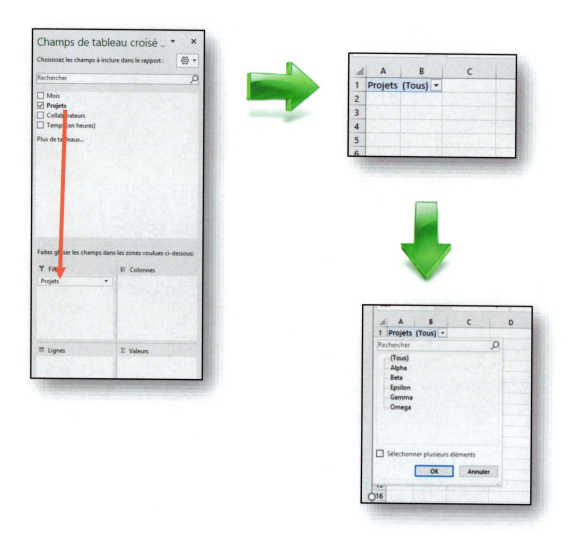

Les filtres depuis le rapport TCD

Le rapport (situé à gauche de l'application) contient le filtre « **Projets** ».
Le filtre indique le mot **Tous**, qui signifie que tous les projets sont sélectionnés actuellement pour ce filtre.
En cliquant sur le bouton-flèche placé à droite du filtre, un menu permet de sélectionner un projet particulier. Le nom du projet remplacera le mot **Tous**.

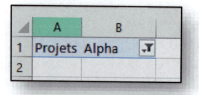

Dans l'exemple ci-dessus, c'est le projet Alpha qui a été sélectionné dans la liste.
Le bouton-flèche est remplacé par un bouton-filtre (pictogramme Entonnoir) indiquant ainsi qu'un filtre est actif.

Il est également possible de sélectionner plusieurs projets dans le même filtre, en cochant la case
« *Sélectionner plusieurs éléments* », puis en cochant dans la liste les différents projets à inclure dans
le filtre.

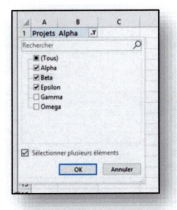

Dans ce cas, les mots **Plusieurs éléments** remplaceront le mot **Alpha**.

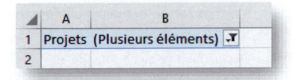

- Ouvrir la liste du filtre en cliquant sur le bouton-filtre,
- Décocher la case « *Sélectionner plusieurs éléments* »,
- Sélectionner le choix **Tous** pour revenir à la liste complète.
- Cliquer en cellule A1 pour faire apparaître la liste des champs à droite de l'application,

Placer Le champ « **Collaborateurs** » dans la zone *Lignes*,

Placer le champ « **Mois** » dans la zone *Colonnes*,

Placer le champ « **Temps** » dans la zone *Valeurs*.

Le rapport TCD s'est automatiquement complété en croisant les données des collaborateurs et des mois, tout en cumulant les heures et en calculant les totaux en lignes et en colonnes, ainsi que le total général.

	A	B	C	D	E
1	Projets	(Tous)			
2					
3	Somme de Temps (en heures)	Étiquettes de colonnes			
4	Étiquettes de lignes	Janvier	Février	Mars	Total général
5	Alain	47	39	66	152
6	Carole	89	59	89	237
7	Clément	62	136	103	301
8	Luc	60	58	61	179
9	Manuel	73	106	95	274
10	Marc	34	7	91	132
11	Nadine	56	54	11	121
12	Rachid	70	69	123	262
13	Sophie	63	64	119	246
14	Total général	554	592	758	1904

L'exemple ci-dessus montre qu'un total de 1904 heures de travail ont pu être affecté par les 9 collaborateurs, pour les 3 premiers mois de l'année aux 5 projets en cours.

La charge de travail est également progressive sur ces 5 projets, passant de 554 heures en Janvier, puis 592 heures en Février et enfin 758 heures en Mars.

Le nombre d'heures affectées par chacun des 9 collaborateurs sur les 3 mois a été ajouté dans la colonne E.
Il est possible de trier ces résultats par ordre croissant :

- Sélectionner une cellule de la zone E5 à E13 (par exemple E5),
- Ouvrir le menu contextuel (bouton droit de la souris),

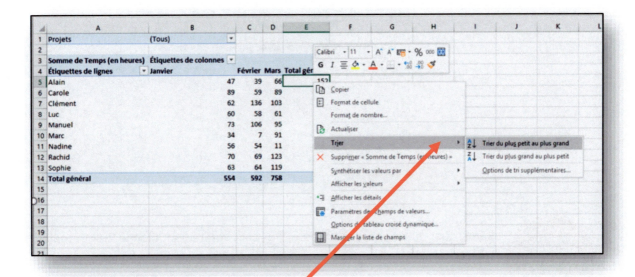

- Sélectionner la commande **Trier**,
- Puis la sous-commande **Trier du plus petit au plus grand**,
- Le tableau TCD est actualisé, la liste des collaborateurs apparaît par ordre croissant de leurs nombres d'heures affectées aux projets.

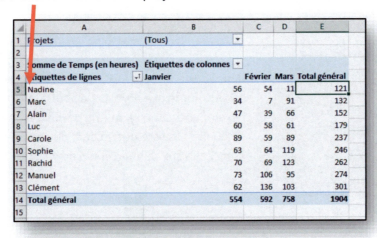

Pour finaliser cette petite analyse, concentrons l'étude ci-dessus sur 2 seuls projets (Alpha et Béta).

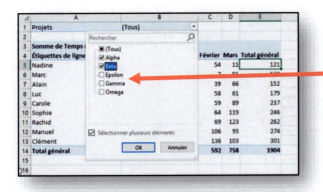

Ouvrir le bouton-flèche du filtre Projets, puis cocher la case « *Sélectionner plusieurs éléments* » et ne cocher que les 2 cases associées aux projets Alpha et Béta.

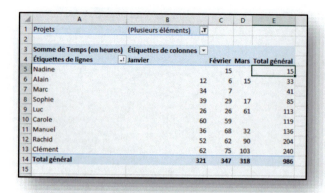

 Remarquer que les heures affectées aux collaborateurs (Colonne E) sont toujours triées par ordre croissant et que l'ordre des collaborateurs a changé.

Cette adaptation est automatique.

Les filtres depuis la liste des champs du TCD

Nous venons de voir qu'il est possible d'accéder aux filtres depuis le rapport TCD. Mais cela est également possible depuis la liste des champs du TCD.

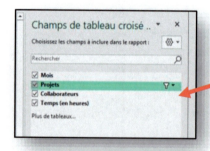

Dans la liste des champs, le champ est signalé par une barre colorée au survol de la souris (en vert dans l'exemple ci-contre), et une petite flèche apparaît à droite du libellé). La liste des valeurs du champ s'affiche lorsque l'on clique sur ce bouton-flèche :

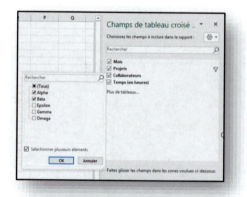

Il est alors possible de cocher/décocher la case « **Sélectionner plusieurs éléments** », et de choisir directement dans cette fenêtre les éléments à afficher.

Appuyer sur le projecteur pour visualiser une vidéo liée à ce chapitre :

Durée de la vidéo : 8:23

Cette vidéo de démonstration présente la mise en place des filtres (filtre de page et filtre d'étiquette) dans un rapport TCD.

Partie 2 sur 2.

- Filtrer à partir de la liste des champs
- Filtrer sur les étiquettes
- Le pictogramme Entonnoir
- Affiner le filtre des étiquettes
- Le filtre s'appliquant aux valeurs
- Effacer le filtre sur une étiquette

Les filtres s'appliquant aux étiquettes du rapport TCD

Classeur à télécharger

➔ *Utiliser le classeur « suivi_projets_v2 ».*

Une 4ème liste a été ajouté dans la feuille **Listes** ; celle des actions.

Une colonne **Actions** a été ajouté dans le tableau des données, et celui-ci a été complété par de nouvelles lignes détaillant des types d'actions spécifiques pour chacun des projets par collaborateurs et par mois. Les heures affectées par les collaborateurs sur les projets ont été ventilé par actions.

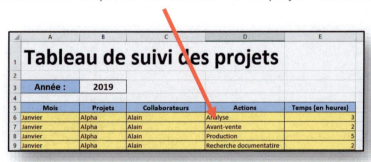

- Cliquer sur une cellule du tableau de données (par exemple B6),
- Activer le menu **INSERTION**,
- Sélectionner la commande TCD,
- Vérifier que la zone $A$5:E$137 est bien inscrite dans la case **Tableau/page**, et que l'emplacement du futur TCD sera sur une nouvelle feuille de calcul,
- Renommer la nouvelle feuille en « *Rapport TCD* »,
- Placer Le champ « **Projets** » dans la zone *Filtres*,

- Placer Le champ « **Collaborateurs** » dans la zone *Lignes*,
- Placer le champ « **Mois** » dans la zone *Colonnes*,
- Placer le champ « **Temps** » dans la zone *Valeurs*,
- Placer Le champ « **Actions** » dans la zone *Lignes*.

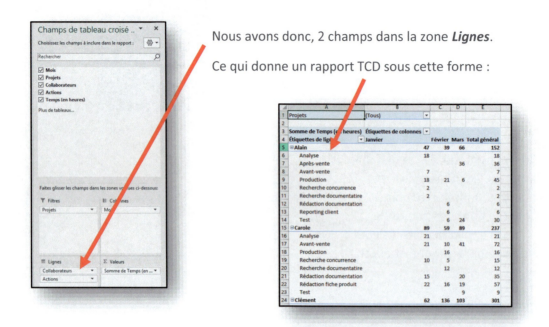

Nous avons donc, 2 champs dans la zone *Lignes*.

Ce qui donne un rapport TCD sous cette forme :

La cellule A4 contient le libellé « **Etiquettes de lignes** », avec un bouton-flèche pour accéder à un menu déroulant :

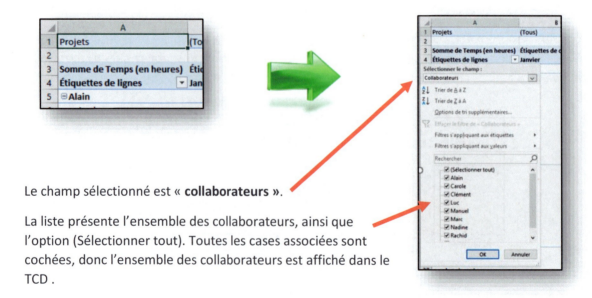

Le champ sélectionné est « **collaborateurs** ».

La liste présente l'ensemble des collaborateurs, ainsi que l'option (Sélectionner tout). Toutes les cases associées sont cochées, donc l'ensemble des collaborateurs est affiché dans le TCD .

Les collaborateurs apparaissent dans le TCD par ordre alphabétique.

Par exemple, si l'on souhaite faire apparaître, uniquement les informations relatives aux collaborateurs Alain et Manuel, on cochera uniquement les cases associées de ces personnes. Ce qui modifiera automatiquement l'affichage dans le TCD :

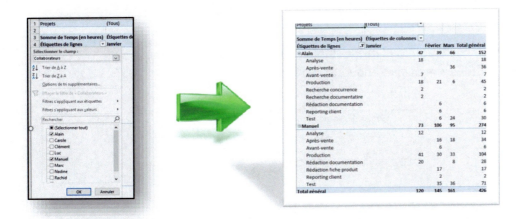

L'analyse peut être affinée, en limitant l'affichage uniquement au projet Epsilon, qui est le seul projet comportant des heures affectées par ces 2 collaborateurs.

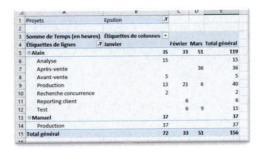

Affiner un filtre

Certains textes peuvent être recherchés, exclus ou isolés à partir des étiquettes.

Par exemple dans notre TCD, certaines actions sont liées aux ventes (avant-vente et après-vente). On se propose de les exclure de l'analyse.

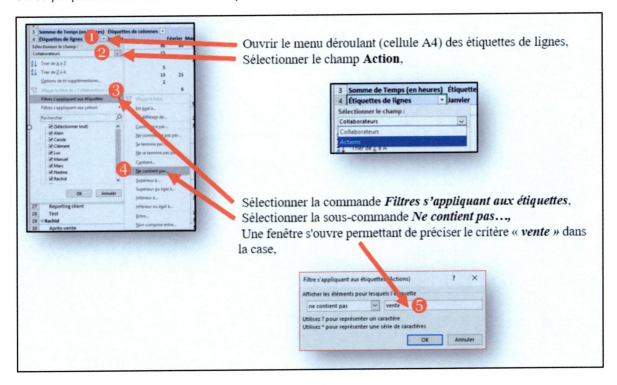

Valider en cliquant sur les 2 boutons « ok » pour faire apparaître le TCD actualisé, sans les actions liées aux ventes.

Le bouton-filtre avec le pictogramme **Entonnoir** apparaît dans la cellule A4, montrant qu'actuellement un filtre est actif sur l'étiquette des lignes.

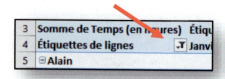

En survolant ce pictogramme avec la souris, une info-bulle indique le contenu du filtre actif :

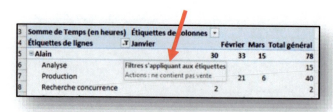

On peut également intégrer des caractères génériques dans le filtre textuel :

- ? (point d'interrogation) pour rechercher un seul caractère,
- * (astérisque) pour un nombre quelconque de caractères,
- ~ (tilde) pour rechercher un caractère générique.

Les possibilités sont très nombreuses et se retrouvent dans une liste :

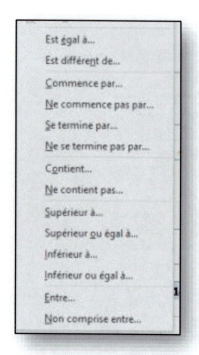

On peut rechercher également sur des parties de mots placées au début, à la fin ou à l'intérieur des champs sélectionnés.

Les recherches ne se limitent pas seulement aux textes, mais peuvent concerner des numériques et des dates.

Effacer un filtre

Avant de pouvoir effacer un filtre, il convient de sélection le champ auquel il est associé, puis d'activer la commande **Effacer le filtre de « _ »**.

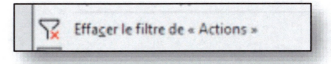

Filtres s'appliquant aux valeurs

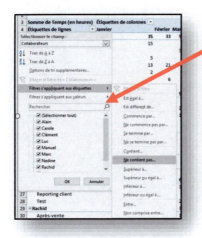

Il est possible de filtrer un champ des étiquettes de lignes en fonction des valeurs associées.

Pour cela, il faut sélectionner la commande *Filtres s'appliquant aux valeurs.*

Par exemple, dans notre TCD, nous allons afficher les informations pour les cumuls d'heures supérieurs à 30 H.

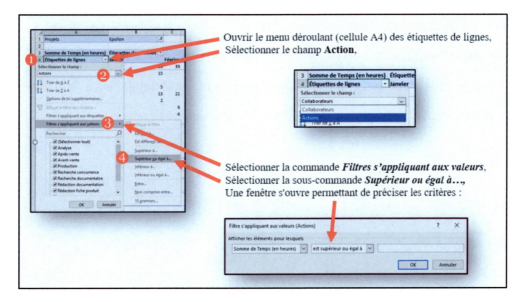

Ouvrir le menu déroulant (cellule A4) des étiquettes de lignes, Sélectionner le champ **Action**,

Sélectionner la commande *Filtres s'appliquant aux valeurs*, Sélectionner la sous-commande *Supérieur ou égal à…*, Une fenêtre s'ouvre permettant de préciser les critères :

Insérer la valeur 30 dans la case vide, pour pouvoir rechercher uniquement les actions dont la somme des temps en heures passées est supérieure ou égal à 30.

Nous obtenons effectivement un TCD réduit pour l'analyse du projet Epsilon, sous cette forme :

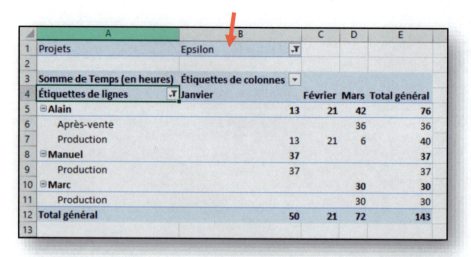

Exercice pratique « Gestion d'un tournoi »

Testez-vous avec un exercice pratique.

Classeur à télécharger

➔ *Utiliser le classeur « Gestion d'un tournoi ».*

Ce classeur propose de gérer le classement d'un tournoi organisé sur 3 rencontres.

L'objectif de l'exercice est de construire un TCD présentant le classement final des participants.

(Ce classeur contient 3 macros, dont celle qui génère la solution de l'exercice).

8 – LES SEGMENTS

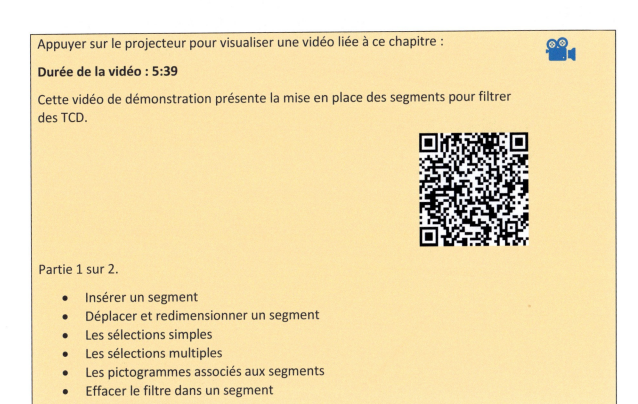

Appuyer sur le projecteur pour visualiser une vidéo liée à ce chapitre :

Durée de la vidéo : 5:39

Cette vidéo de démonstration présente la mise en place des segments pour filtrer des TCD.

Partie 1 sur 2.

- Insérer un segment
- Déplacer et redimensionner un segment
- Les sélections simples
- Les sélections multiples
- Les pictogrammes associés aux segments
- Effacer le filtre dans un segment

Les **Segments** (ou **Slicers**) améliorent les possibilités des tableaux croisés dynamiques et leur offrent une grande flexibilité.

C'est une sorte de filtre dynamique adapté aux TCD. Ainsi, il est possible de segmenter et de filtrer les données de façon dynamique pour n'afficher que les éléments dont vous avez besoin.

Ils sont d'une grande utilité car ils augmentent la rapidité de votre travail, très simplement.

Les segments proposent des **boutons** sur lesquels vous pouvez cliquer pour filtrer les données d'un tableau ou d'un tableau croisé dynamique. En plus de la rapidité de filtrage, les segments indiquent également l'état du filtrage actuel, facilitant ainsi la compréhension de ce qu'affiche précisément un tableau croisé dynamique filtré.

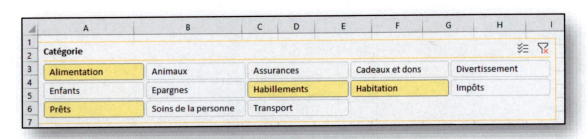

Lorsque vous sélectionnez un bouton du segment, l'élément auquel il est attaché est inclus dans le filtre, et les données de cet élément s'afficheront dans le rapport.

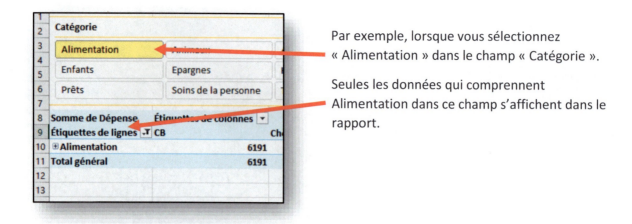

Par exemple, lorsque vous sélectionnez « Alimentation » dans le champ « Catégorie ».

Seules les données qui comprennent Alimentation dans ce champ s'affichent dans le rapport.

Insérer un segment à partir d'un TCD

Reprendre le classeur « Suivi_projets_v2 » fournit dans le chapitre 7.

- Activer la feuille « Rapport TCD »,
- Vérifier que le filtre de page (projets) est positionné sur le critère « Tous »,

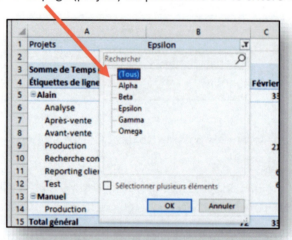

- Vérifier que les étiquettes de lignes et de colonnes sont positionnées sur le critère « Sélectionner tout »,

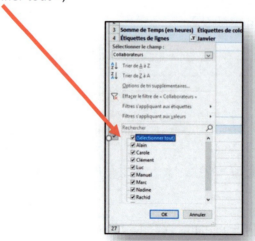

- Se positionner dans une cellule du rapport TCD (cellule A6 par exemple),
- 2 nouveaux onglets-menus sont apparus dans la barre des menus,

- Cliquer sur le menu **ANALYSE**,
- Un nouveau ruban apparaît,
- C'est le groupe de commandes « **Filtrer** » qui nous intéresse,

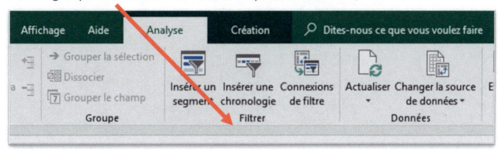

- Cliquer sur la commande « **Insérer un segment** »,
- Une boîte apparaît sur la feuille de calcul,

Cette boîte propose l'ensemble des noms de champs du rapport TCD

Il suffit de cocher la ou les cases accolées à ces noms de champs pour créer les segments associés à ces mêmes champs.

Cliquons par exemple les cases des 3 champs (Projets, Collaborateurs et Actions) :

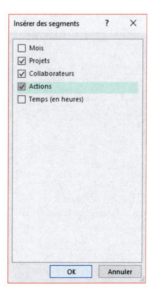

Trois segments sont créés et déposés en cascade sur la feuille de calcul.

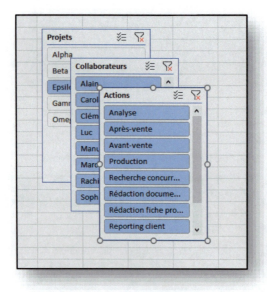

Le segment « Action » est entouré de poignées blanches. Cela montre qu'il est sélectionné et déplaçable.

En cliquant-glissant le contour du cadre du segment, il est possible de déplacer celui-ci dans la feuille de calcul.

En cliquant-glissant la poignée blanche d'un segment, cela redimensionne celui-ci.

Exemple de repositionnement des 3 segments :

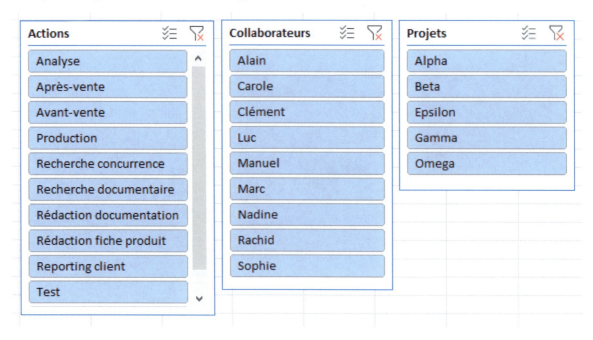

Le fonctionnement du segment (sélections simples)

Au départ, tous les boutons d'un segment sont colorés, ce qui signifie que tous les critères de ce champ sont affichés dans le rapport.

En cliquant sur un bouton particulier, on actionne le critère associé pour appliquer le filtre sur le rapport.

Par exemple, cliquer uniquement sur le bouton « Analyse » du premier segment.

Seul ce bouton reste coloré, et le rapport TCD ne montre que les lignes « actions » comportant le critère « Analyse ».

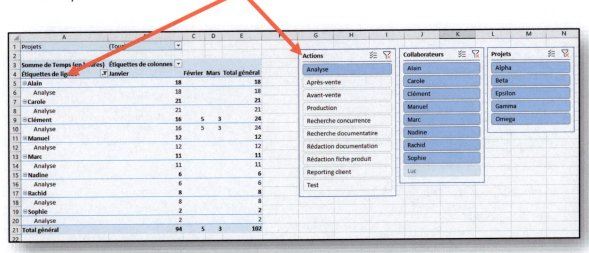

En cliquant sur un autre bouton du segment « Actions », le critère change et s'applique immédiatement comme filtre du rapport TCD.

Le pictogramme [icône] permet de réafficher l'ensemble des critères pour le segment.

Un bouton peut être sélectionné dans chacun des 3 segments. Cela permet de combiner les filtres.

Par exemple, cliquer sur les boutons « Analyse », « Manuel » et « Béta ».

Seuls ces 3 boutons seront colorés et le rapport TCD montre uniquement les résultats de ces 3 filtres combinés.

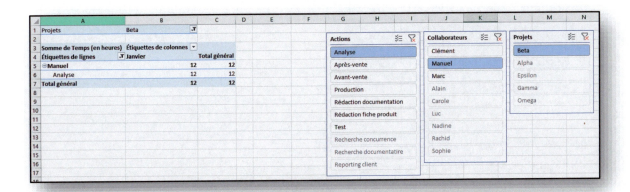

Prenons un second exemple :

- Effacer tous les filtres en cliquant sur les 3 pictogrammes ,
- Cliquer sur le bouton « recherche documentaire »,

Seuls les boutons des collaborateurs (Alain, Carole, Clément et Nadine) sont restés colorés. De même pour les projets (Alpha, Béta et Omega).

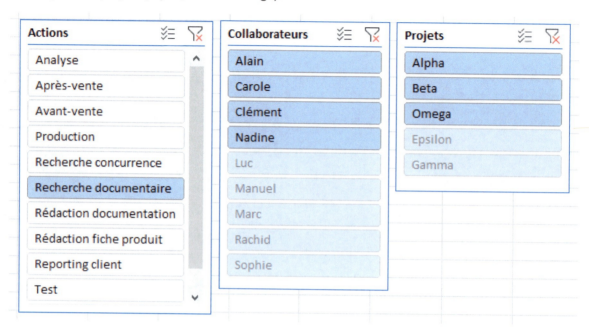

Ce qui signifie que seuls ces 4 collaborateurs ont réalisé des recherches documentaires sur les 3 projets.

- Cliquer sur le bouton « Nadine ».

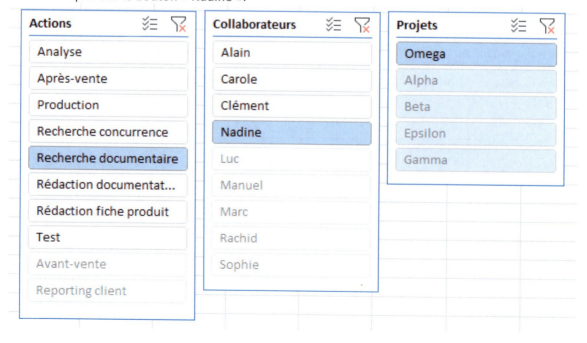

Seul le bouton « Oméga » est coloré car c'est le seul projet sur lequel Nadine a effectué une recherche documentaire.

Le fonctionnement du segment (sélections multiples)

Plusieurs critères peuvent être sélectionnés pour un même segment.

Pour cela, il faut utiliser le pictogramme suivant :

Prenons un exemple :

- Cliquer sur le bouton « Analyse » du segment « Actions »,
- Seul ce bouton reste coloré,
- Cliquer sur le pictogramme de la sélection multiple (situé en haut du segment),
- Le pictogramme se colore,
- Cliquer sur le bouton « production »,
- Le bouton se colore et le précédent bouton « Analyse » reste coloré.

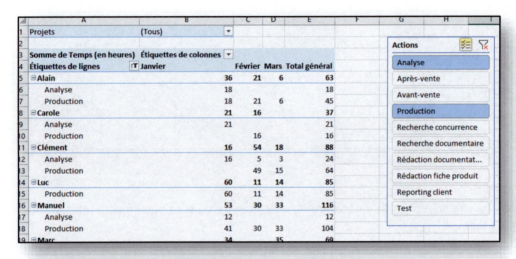

Les 2 critères de ce filtre sont en fait sélectionnés et appliqués directement au rapport TCD.

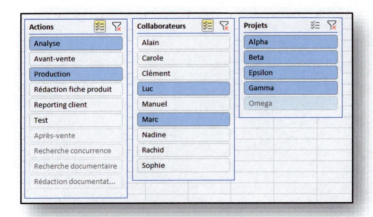

On peut ainsi, sélectionné autant de critères souhaités par segments et sur chacun des segments. Ce qui permet une sélection multiple extrêmement rapide.

Ne pas oublier d'activer autant de pictogrammes que nécessaire.

Cette fonction peut également être utilisée de manière inversée, pour désélectionner des choix.

Prenons un exemple :

- Cliquer sur le pictogramme « Entonnoir » du segment « Actions »,
- Tous les boutons du segment sont colorés,
- Cliquer sur le pictogramme de la sélection multiple (situé en haut du segment),
- Le pictogramme se colore,
- Cliquer sur le bouton « Avant-vente » du segment « Actions »,
- Seul ce bouton n'est plus coloré,
- Cliquer sur le bouton « Après-vente »,
- Le bouton se décolore également.

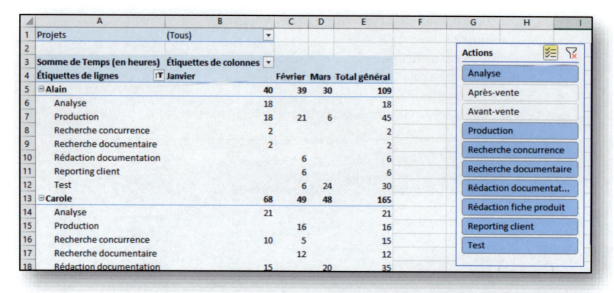

Les 2 critères « Avant-vente » et « Après-vente » de ce filtre ne sont plus sélectionnés, et ni appliqués au rapport TCD.

Les segments chronologiques

Appuyer sur le projecteur pour visualiser une vidéo liée à ce chapitre :

Durée de la vidéo : 4:25

Cette vidéo de démonstration présente la mise en place des segments pour filtrer des TCD.

Partie 2 sur 2.

- Insérer un segment chronologique
- Déplacer et redimensionner un segment chronologique
- Changer et sélectionner des périodes différentes
- Effacer le filtre dans un segment chronologique
- Combiner les différents segments

Les segments chronologiques permettent de filtrer les dates de manière interactive.

On peut d'ailleurs travailler directement sur des périodes de dates.

Classeur à télécharger

➔ *Utiliser le classeur « suivi_projets_v3 ».*

Une colonne "Dates" a été ajouté et les mois ne sont plus saisis mais calculés par une fonction =CHOISIR()

Il contient les données sources, les listes de saisie, le TCD et les segments.

Nous allons créer un segment chronologique spécifique au champ « Dates ».

- Se positionner dans une cellule du rapport TCD,
- Activer le menu **ANALYSE** pour obtenir le ruban associé,
- Sélectionner la commande « **Insérer une chronologie** » dans le groupe « **Filtrer** »,

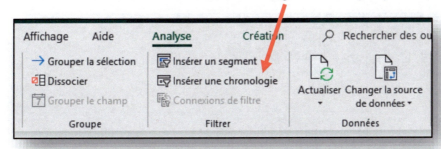

- Une boîte de dialogue propose la liste des champs au format **Date**,

- Cliquer sur la case à cocher associée au champ « Dates »

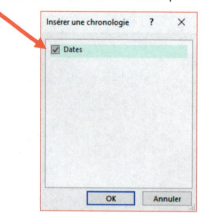

- Un segment avec une barre de temps colorée apparaît sur la feuille de calcul,

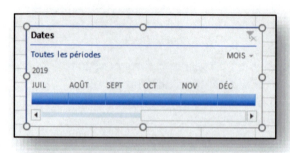

Le segment « Dates » est entouré de poignées blanches. Cela montre qu'il est sélectionné et déplaçable.

En cliquant-glissant le contour du cadre du segment, il est possible de déplacer celui-ci dans la feuille de calcul.

En cliquant-glissant la poignée blanche d'un segment, cela redimensionne celui-ci.

Voici un exemple de présentation des 4 segments créés :

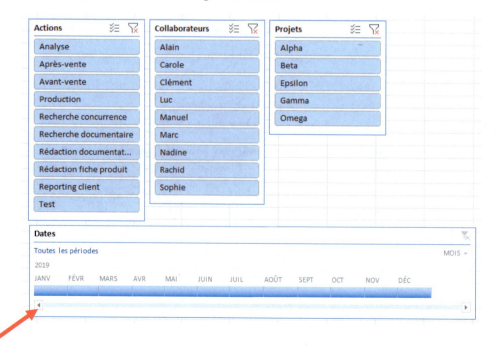

Une barre de défilement permet de se déplacer dans la période.

Une liste déroulante, sur la droite, permet de sélectionner le type de période à afficher (Jours, Mois, Trimestres ou Années).

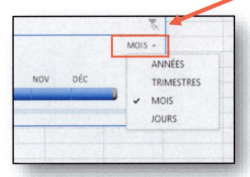

La barre colorée au centre du segment montre la période sélectionnée.

Voici exemples de sélection de certaines périodes :

Exemple 1 :

- Cliquer une fois sur la barre colorée au niveau du mois de février :

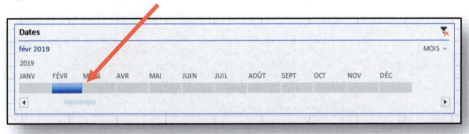

La barre colorée ne montre que la partie correspondant à la période Février et filtre automatiquement le rapport en n'affichant que le mois de février.

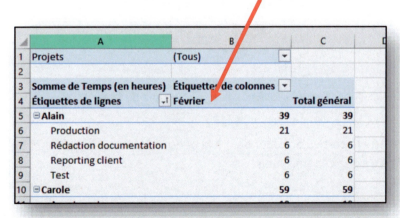

Il est ainsi possible, de ne cliquer qu'une seule fois sur la barre colorée au niveau d'un mois pour ne faire apparaître que ce mois dans le rapport TCD.

Exemple 2 :

- Cliquer une fois sur la barre colorée au niveau du mois de Février,
- Maintenir le doigt sur le bouton de la souris et glisser celle-ci vers la droite pour couvrir le mois de Mars sur la barre,

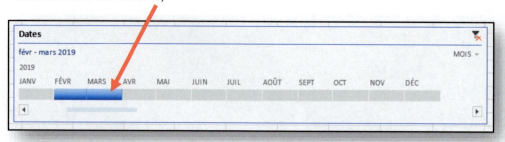

La barre colorée montre la partie correspondant à la période Février-Mars et filtre automatiquement le rapport en n'affichant que ces deux mois.

Exemple 3 :

- Cliquer une fois sur la barre colorée au niveau du mois de Janvier,
- Maintenir le doigt appuyé sur le bouton *Shift* du clavier,

- Cliquer une fois sur la barre colorée au niveau du mois de Mars.

La barre colorée montre la partie correspondant à la période Janvier-Mars et filtre automatiquement le rapport en n'affichant que ces trois mois.

Exemple 4 :

- Ouvrir la liste déroulante de sélection de la période,
- Sélectionner le choix « Jours »,
- Cliquer une fois sur la barre colorée au niveau du 7 Janvier,
- Maintenir le doigt appuyé sur le bouton **Shift** du clavier,
- Cliquer une fois sur la barre colorée au niveau du 18 Janvier

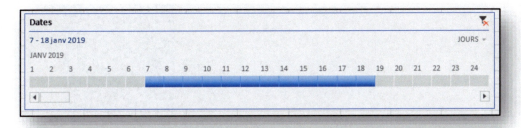

La barre colorée montre la partie correspondant à la période du 7 au 18 Janvier, et filtre automatiquement le rapport en n'affichant que les données pour cette période de dates.

Exercice pratique « Numéro 209 »

Testez-vous avec un exercice pratique.

Classeur à télécharger

➔ *Utiliser le classeur « Exercice 209 ».*

Ce classeur propose de répondre à 2 questions à partir d'un tableau de données, nécessitant de créer un rapport TCD et des segments.
Une feuille contient la correction.

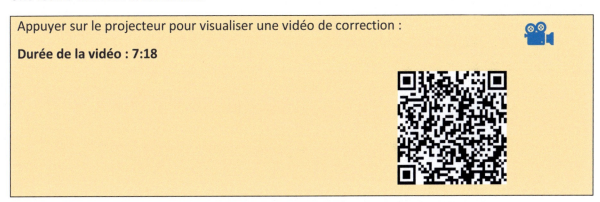

Appuyer sur le projecteur pour visualiser une vidéo de correction :

Durée de la vidéo : 7:18

9 – LES GRAPHIQUES TCD

Appuyer sur le projecteur pour visualiser une vidéo liée à ce chapitre :

Durée de la vidéo : 6:35

Cette vidéo de démonstration présente la création et la modification de graphiques croisés dynamiques.

- Créer un graphique croisé dynamique à partir de l'assistant TCD
- Créer un graphique croisé dynamique à partir d'un rapport croisé dynamique
- Les éléments de graphique.

Un graphique de rapport croisé dynamique est fondé sur un tableau croisé dynamique.
Vous pouvez créer un tel graphique de deux façons :

- Lors de l'utilisation de l'assistant tableau croisé dynamique, cliquez sur l'option « Rapport de graphique croisé dynamique ».
  Le graphique s'affiche alors au-dessus du rapport de tableau croisé dynamique associé.

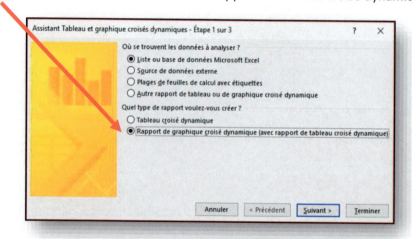

- Après la création du tableau croisé dynamique, choisissez dans l'onglet-menu **ANALYSE**, la commande « Graphique croisé dynamique » dans le groupe de commandes **OUTILS**.

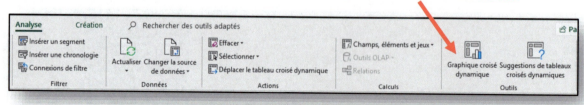

53

Un graphique croisé dynamique et le tableau croisé dynamique associé doivent toujours être situés dans le même classeur.

Classeur à télécharger

→ *Utiliser le classeur « suivi_projets_v3 ».*

Créer le graphique à partir de l'assistant TCD

- Se positionner dans une cellule du tableau de données source,
- Activer le bouton de l'assistant TCD dans la barre d'outils accès rapide,
- Cliquer sur l'option « Liste ou base de données Microsoft Excel »,
- Cliquer sur l'option « Rapport de graphique croisé dynamique »,
- Vérifier où se trouvent les données,
- Répondre « **Non** » sur la boîte de dialogue afin de créer un TCD qui ne sera pas basé sur les données du précédent TCD,

- Insérer le nouveau TCD sur une nouvelle feuille de calcul.

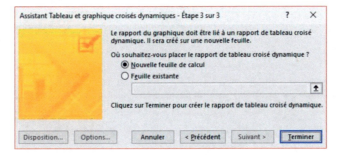

La feuille de calcul contient 3 zones :

1. Le générateur de TCD
2. Le générateur de graphique TCD
3. La liste des champs

Glisser les champs de la liste des champs vers les zones pour générer le graphique et le TCD en même temps.

- Placer le champ « **Actions** » dans la zone « Axe (Catégories) »,
- Placer le champ « **Mois** » dans la zone « Légende (Séries) »,
- Placer le champ « **Temps** » dans la zone « Valeurs ».

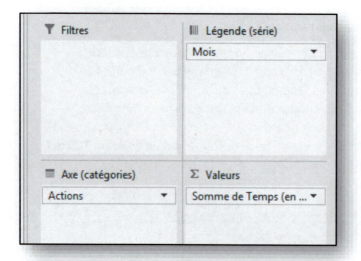

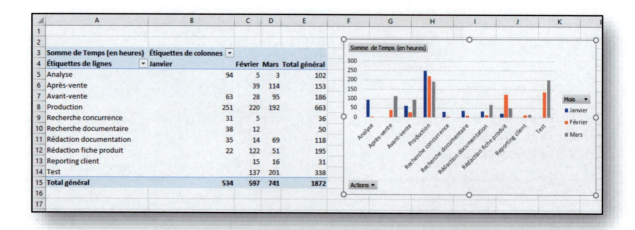

Créer le graphique à partir du rapport TCD

- Se positionner dans une cellule du rapport TCD,
- Activer le menu **ANALYSE**,
- Sélectionner la commande « Graphique croisé dynamique » du groupe de commande **OUTILS**,

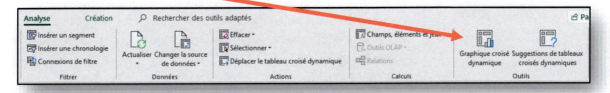

- Une boîte de dialogue propose de sélectionner le style de graphique :

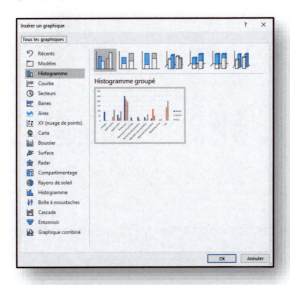

Après avoir effectué son choix dans les types de graphiques et de style, un objet graphique est posé sur la feuille de calcul.

Les éléments de graphique

Lorsque le graphique est sélectionné (poignées blanches sur le contour du cadre), deux boutons de commandes apparaissent à sa droite :

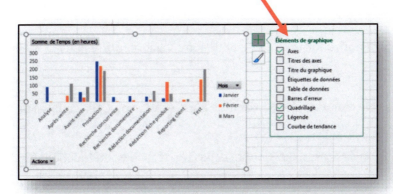

Le premier de ces deux boutons (celui avec un signe +) permet de travailler sur les éléments du graphique.

Un graphique possède de nombreux éléments. Certains de ces éléments apparaissent par défaut, tandis que d'autres peuvent être ajoutés en fonction des besoins. Vous pouvez modifier l'affichage des éléments graphiques en les déplaçant à l'intérieur de celui-ci, en les redimensionnant ou en modifiant leur mise en forme. Vous pouvez également supprimer les éléments graphiques que vous ne souhaitez pas afficher.

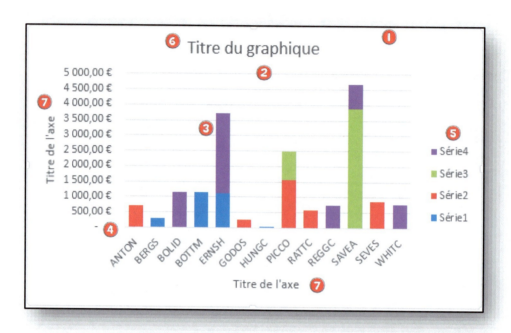

1. Zone de graphique.

2. Zone de traçage.

3. Points de données des séries de données tracées dans le graphique.

4. Axe horizontal (abscisses) et vertical (ordonnées) le long desquels les données sont tracées dans le graphique.

5. Légende du graphique.

6. Titre de graphique.

7. Titre de l'axe horizontal (abscisses) et de l'axe vertical (ordonnées)

Il est également possible d'ajouter des barres d'erreurs (écart-type), des courbes de tendances ou la table des données.

Les choix sont associés à des cases, qui seront cochés ou décochés, en fonction des besoins.

Le second de ces deux boutons (celui avec un pinceau) permet de modifier les styles et les couleurs des différents éléments du graphique.

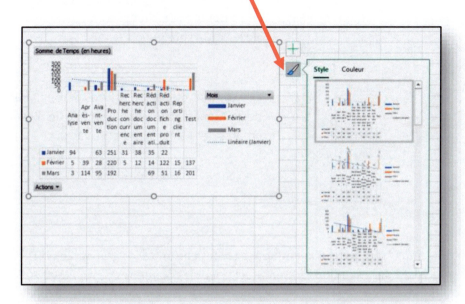

Il est important de retenir que le graphique TCD est lié au rapport TCD.

Ainsi toute modification sur l'un affecte automatiquement l'autre.

Les différences du graphique TCD par rapport aux graphiques classiques

Appuyer sur le projecteur pour visualiser une vidéo liée à ce chapitre :

Durée de la vidéo : 4:42

Cette vidéo de démonstration présente 3 exemples de filtres appliquées à un graphique croisé dynamique.

- Filtrer l'axe des séries comportant 1 bouton de champ
- Filtrer l'axe des catégories comportant 2 boutons de champ
- Filtrer selon la hiérarchie des champs

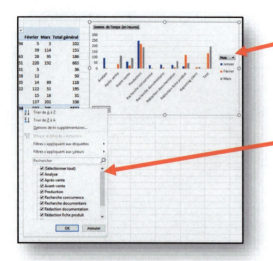

Après avoir créé le graphique TCD, on peut remarquer que 2 boutons de champ sont posés pour chacun des 2 axes du graphique.

Ces boutons ouvrent des listes déroulantes permettant de trier les valeurs ou de filtrer les critères, les étiquettes ou les valeurs.

Ces boutons de champs représentent la différence essentielle entre les graphiques TCD et les graphiques standard. Ils permettent de filtrer directement les données du graphique TCD.

Ils peuvent être masqués si nécessaire (avant une impression ou une recopie sur un diaporama) :

- Sélectionner le graphique TCD,
- Activer le menu **ANALYSE**,
- Cliquer sur la flèche déroulante de la commande « **Boutons de champ** »
- Sélectionner la commande « **Masquer tout** ».

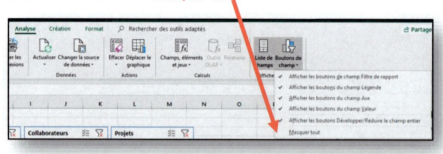

Il est également possible de gérer la hiérarchie du graphique TCD directement à partir des boutons + et – situés en bas à droite du graphique.

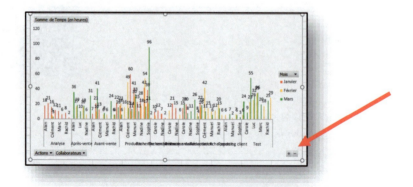

Cela n'est réalisable que si le TCD a été construit avec une hiérarchie.

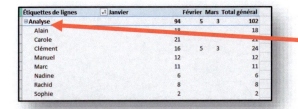

C'est le cas dans notre exemple du classeur « **Suivi_projets_v3** » qui comporte la hiérarchie Actions>Collaborateurs

Chaque action est décomposée avec chaque collaborateur ayant travaillé sur l'action.

- Activer le graphique TCD,
- Appuyer le bouton – située en bas à droite de la zone graphique,
- Le graphique masque la hiérarchie des collaborateurs et ne propose qu'une représentation graphique des actions.

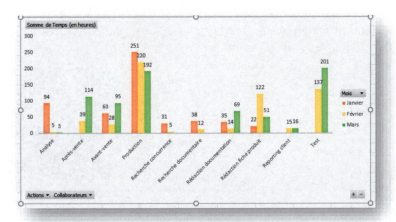

Le rapport TCD s'est également restreint à l'affichage des actions et ne détaille plus celles-ci par collaborateurs.

Somme de Temps (en heures)	Étiquettes de colonnes			
Étiquettes de lignes	Janvier	Février	Mars	Total général
⊞ Analyse	94	5	3	102
⊞ Après-vente		39	114	153
⊞ Avant-vente	63	28	95	186
⊞ Production	251	220	192	663
⊞ Recherche concurrence	31	5		36
⊞ Recherche documentaire	38	12		50
⊞ Rédaction documentation	35	14	69	118
⊞ Rédaction fiche produit	22	122	51	195
⊞ Reporting client		15	16	31
⊞ Test		137	201	338
Total général	534	597	741	1872

10 – REGROUPER OU DISSOCIER DES DONNEES

Le regroupement de données dans un tableau croisé dynamique permet d'afficher un sous-ensemble de données à analyser.

Classeur à télécharger

→ *Utiliser le classeur « suivi_employés ».*

Regrouper et dissocier des champs de type Date

Le tableau va permettre de travailler sur des dates à analyser dans le rapport TCD.

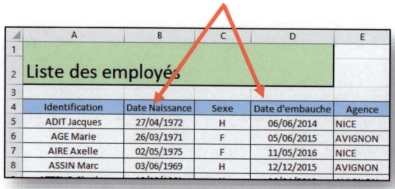

- Sélectionner une cellule du tableau, par exemple A7,
- Activer le menu **INSERTION**,
- Sélectionner la commande « **Tableau croisé dynamique** »,
- Vérifier la zone de cellules $A$4:$H$45 désignée dans la case **Tableau**,
- Choisir l'option « Nouvelle feuille de calcul » et valider.

La liste des champs se présente ainsi :

Dans cet exemple, nous souhaitons afficher la liste des employés classés par leur année de naissance.

- Placer le champ « **Date Naissance** » dans la zone « **Lignes** »
- Deux nouveaux champs (**Trimestres** et **Années**) ont été ajouté à la liste des champs,
- Ces 2 nouveaux champs sont également présents dans la zone « **Lignes** »
- Le rapport TCD est mis à jour avec la liste des années par ordre croissant, et un signe + est placé devant chacune des années.

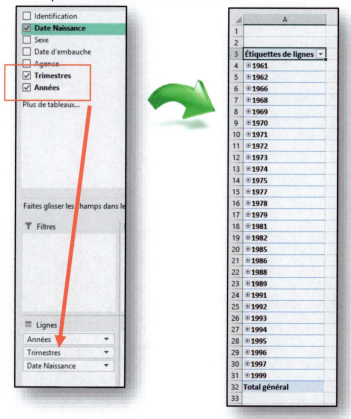

- Ajouter le champ « **Sexe** » à la zone « **Colonnes** »,
- Ajouter le champ « **Identification** » à la zone « **Valeurs** » qui devient « *Nombre de identification* »,

Le rapport TCD recense donc le nombre d'employés nés pour chacune des années :

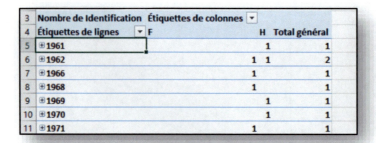

En fait, le rapport TCD a regroupé automatiquement les données par année.

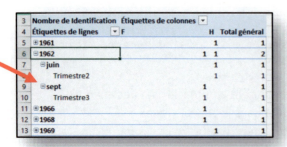

Le signe + devant une année (par exemple 1962) permet de dégrouper les informations pour cette année en particulier.

Le signe se change en signe –

La décomposition s'affiche par mois et par trimestre.

- Cliquer sur le signe – de l'année 1962,
- Sélectionner une cellule de la colonne « **Etiquettes de lignes** », par exemple A5,
- Ouvrir le menu contextuel,
- Sélectionner la commande « Dissocier… »

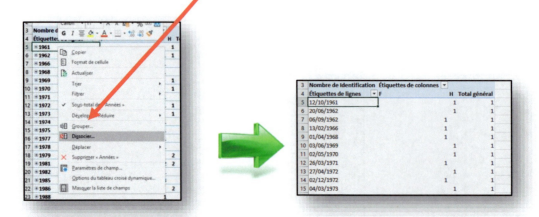

Les regroupements par années sont supprimés et l'ensemble des dates de naissance apparaissent dans le rapport TCD.

Nous pouvons par exemple recréer un nouveau regroupement à partir de ces dates.

- Sélectionner une cellule de la colonne « **Etiquettes de lignes** », par exemple A5,
- Ouvrir le menu contextuel,
- Sélectionner la commande « Grouper… »,

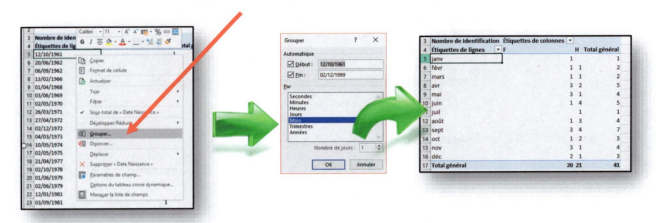

La boîte de dialogue propose un intervalle de dates (début et fin) calculé en fonction de la période de dates détectées.

- Sélectionner uniquement la ligne « **Mois** » pour créer un regroupement sur les mois.

Le rapport TCD regroupe toutes les dates de naissance par mois et affiche le nombre d'employés nés pour chacun des mois avec les répartitions par sexes (H ou F).

Regrouper et dissocier des champs de type Texte

Reprenons le classeur « **suivi_employés** » et créons un nouveau rapport TCD.

Appuyer sur le projecteur pour visualiser une vidéo liée à ce chapitre :

Durée de la vidéo : 5:43

Cette vidéo de démonstration présente les regroupements sur des champs de type texte.

- Sélectionner une cellule du tableau, par exemple A7,
- Activer le menu **INSERTION**,
- Sélectionner la commande « Tableau croisé dynamique »,
- Vérifier la zone de cellules $A$4:$H$45 désignée dans la case **Tableau**,

- Choisir l'option « Nouvelle feuille de calcul » et valider,
- Placer les champs « **Agence** » et « **Identification** » dans la zone « **Lignes** »,
- Placer le champ « **CA année N** » dans la zone « **Valeurs** ».

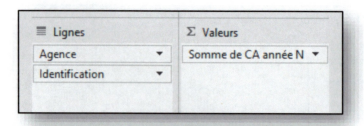

Le rapport TCD synthétise les chiffres d'affaires de quatre agences.

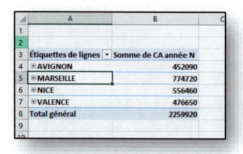

Les agences de Marseille et de Nice sont placées sous la direction commune d'Annie VERSAIRE.

Les agences d'Avignon et de Valence sont placées sous la direction commune d'Anna CONDA.

Nous souhaitons regrouper les données pour ces deux directions.

- Sélectionner sur le rapport TCD, les deux noms Avignon et Valence tout en maintenant la touche du clavier CTRL enfoncée,
- Ouvrir le menu contextuel,
- Sélectionner la commande « Grouper... »,

Il est également possible de grouper ou de dissocier à partir des commandes du groupe de commandes « **Groupe** » présents sur le ruban du menu **ANALYSE**.

Le rapport TCD comprend maintenant un nouveau regroupement au-dessus du niveau « *Agence* », qui est nommé par défaut "*Groupe1*".

- Sélectionner sur le rapport TCD, les deux noms Marseille et Nice tout en maintenant la touche du clavier CTRL enfoncée,
- Ouvrir le menu contextuel,
- Sélectionner la commande « **Grouper**… ».

Le rapport TCD comprend maintenant un second regroupement qui est nommé par défaut "*Groupe2*".

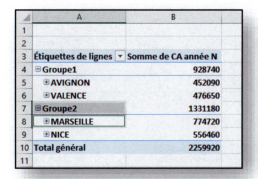

En cliquant sur les signes – des groupes 1 et 2, les agences se masquent et le CA de chacune des deux directions s'affichent.

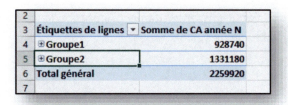

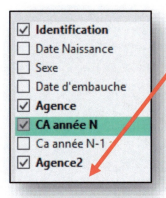

Il faut remarquer que dans la liste des champs, un nouveau champ nommé « **Agence2** » a été ajouté.

Il a été créé automatiquement lors de la mise en place du regroupement. Il est également placé dans la zone « **Lignes** ».

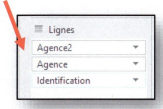

Modifier les noms de regroupement

Il est possible de modifier les noms des regroupements.

- Sélectionner dans le rapport TCD la cellule "Groupe1",
- Son libellé apparaît dans la barre de formule,
- Modifier le nom dans la barre de formule (*Direction Anna CONDA*) et valider,
- Sélectionner dans le rapport TCD la cellule "Groupe2",
- Son libellé apparaît dans la barre de formule,
- Modifier le nom dans la barre de formule (*Direction Annie VERSAIRE*) et valider,

Enlever le détail d'un niveau de regroupement

Il est possible de décider de ne conserver que le regroupement sans le détail par agence. Pour cela, il faut retirer le niveau de regroupement correspond aux agences.

Le plus simple est de l'effectuer à partir de la zone « **Lignes** » de la liste des champs.

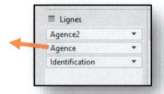

Cliquer-glisser le champ « **Agence** » de la zone « **Lignes** » vers la feuille de calcul.

Il est possible également de décocher ce champ depuis la liste des champs :

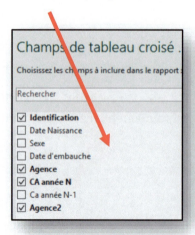

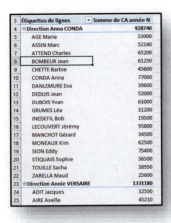

Le rapport TCD s'ajuste automatiquement et affiche les collaborateurs classés par direction et non plus par agence.

Utiliser le filtre de page avec le regroupement

Il peut également être judicieux de placer le champ « **Agence** » en filtre de page, tout en conservant le regroupement des directions.

- Cliquer-glisser le champ « **Agence** » vers la zone « **Filtre** ».

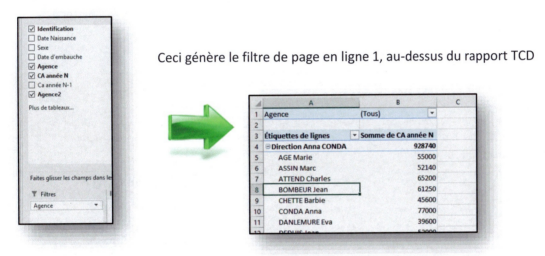

Ceci génère le filtre de page en ligne 1, au-dessus du rapport TCD

Une agence précise peut donc servir de filtre de page (par exemple l'agence de Marseille), tout en conservant le regroupement de la direction de rattachement de cette agence :

Dissocier un regroupement

Pour dégrouper les éléments, (c'est-à-dire : faire l'opération inverse du regroupement) :

- Sélectionner un champ dans le rapport TCD, par exemple "*Direction Anna Conda*",
- Ouvrir le menu contextuel,
- Sélectionner la commande « **Dissocier** ».

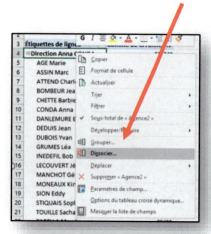

Le regroupement concerné disparaît et le niveau inférieur (les agences) apparaissent.

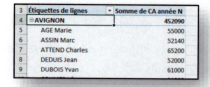

Regrouper et dissocier des champs de type numérique

Appuyer sur le projecteur pour visualiser une vidéo liée à ce chapitre :

Durée de la vidéo : 7:08

Cette vidéo de démonstration présente les regroupements sur des champs de type numérique.

L'objectif de créer des regroupements sur des champs numériques dans un TCD est de permettre de synthétiser les données par tranches.

Nous allons analyser les répartitions des ventes (CA en euros).

- Sélectionner une cellule du tableau, par exemple A7,
- Activer le menu **INSERTION**,
- Sélectionner la commande « **Tableau croisé dynamique** »,
- Vérifier la zone de cellules $A$4:$H$45 désignée dans la case **Tableau**,
- Choisir l'option « Nouvelle feuille de calcul » et valider.

La liste des champs se présente ainsi :

- Placer le champ « **CA Année N** » dans la zone « **Lignes** »,
- Placer le champ « **CA Année N** » dans la zone « **Valeurs** »,
- Le libellé apparaît sous la forme « **Somme de CA Année N** »,
- Placer le champ « **Nb commandes de l'année** » dans la zone « **Valeurs** »,
- Le libellé apparaît sous la forme « **Somme de Nb commandes de l'année** »,
- Le libellé « **Σ valeurs** » se rajoute dans la zone « **Colonnes** »,

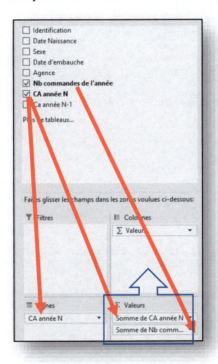

- Sélectionner une cellule de la colonne des étiquettes de lignes dans le rapport TCD (par exemple A4),
- Ouvrir le menu contextuel,
- Sélectionner la commande « Grouper… »,
- Une boîte de dialogue apparaît, permettant ainsi de paramétrer le groupement.

Cette fenêtre est renseignée automatiquement par défaut en fonction des valeurs contenues dans le rapport TCD. Mais il est possible de modifier ces valeurs.

Par exemple, si on accepte les valeurs proposées avec un pas de progression de 10 000, on obtiendra les regroupements suivants :

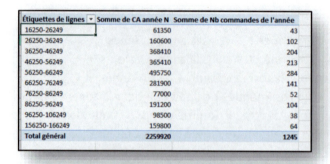

Un autre exemple :

avec une valeur de début à 0, une valeur de fin à 200 000 et un pas de progression de 20 000

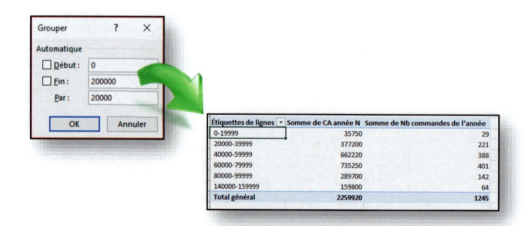

Nous remarquons, par exemple pour le seuil (140.000-159.999) un CA total de 159.800 réalisé sur 64 commandes. Mais par combien de collaborateurs ?

- Placer le champ « **CA Année N** » dans la zone « **Valeurs** »,
- Le libellé apparaît sous la forme « **Nombre de CA Année N** »,
- Une colonne « **Nombre de CA année N** » est ajoutée à la droite du rapport TCD.

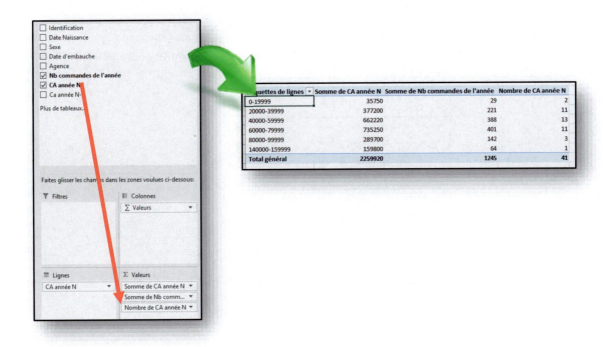

Le rapport TCD nous indique ainsi dans la ligne « **Total général** », le CA total de l'année en cours avec le nombre total de commandes et le nombre total de collaborateurs ayant réalisés du CA.

Afficher une répartition (en pourcentage) sur un regroupement

Il peut être intéressant de mettre en évidence les répartitions sous forme de pourcentage de ces commandes.

- Placer le champ « **Nb commandes de l'année** » dans la zone « **Valeurs** »,
- Le libellé apparaît sous la forme « **Somme de Nb commandes de l'année** »,
- Cliquer sur le bouton de la liste déroulante de ce nouveau champ,

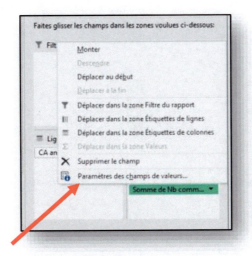

- Sélectionner la commande « **Paramètres des champs de valeurs…** »,

La boîte de paramétrage permet de changer :

1. le nom de l'étiquette de la colonne,
2. de sélectionner la fonction à effectuer (rester sur la fonction Somme pour cet exemple),
3. le format d'affichage des valeurs.

- Modifier le nom (1),
- Sélectionner la fonction Somme (2),
- Activer l'onglet « **Afficher les valeurs** » (3),
- Sélectionner dans la liste déroulante, l'option « **% du total général** ».

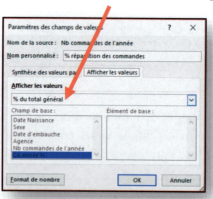

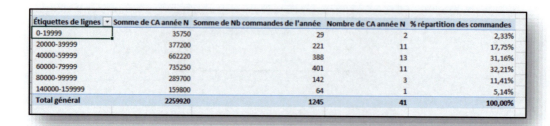

11 – METTRE A JOUR UN TCD

L'utilisateur peut actualiser les données issues d'un tableau source situé dans le même classeur ou un autre.

Par défaut, les tableaux croisés dynamiques ne sont pas actualisés automatiquement, mais vous pouvez spécifier que le TCD est actualisé automatiquement lorsque vous ouvrez le classeur qui le contient.

Il est également possible à tout moment, de cliquer sur la commande « **Actualiser** » pour mettre à jour les données des TCD d'un classeur.

Classeur à télécharger

→ *Utiliser le classeur « CA_représentants ».*

Actualiser manuellement le TCD

Appuyer sur le projecteur pour visualiser une vidéo liée à ce chapitre :

Durée de la vidéo : 3:06

Cette vidéo de démonstration présente l'actualisation manuelle d'un rapport TCD, suite à la détection d'une erreur de saisie dans le tableau source des données.

- Sélectionner une cellule du tableau, par exemple A4,
- Activer le menu **INSERTION**,
- Sélectionner la commande « **Tableau croisé dynamique** »,
- Vérifier la zone de cellules $A$3:$E$147 désignée dans la case **Tableau**,
- Choisir l'option « Nouvelle feuille de calcul » et valider,
- Placer le champ « **Représentants** » dans la zone « **Lignes** »,
- Placer le champ « **Appellations** » dans la zone « **Lignes** »,
- Placer le champ « **CA** » dans la zone « **Valeurs** »,
- Placer le champ « **Régions** » dans la zone « **Colonnes** ».

Nous obtenons dans la feuille « Feuil1 », le rapport TCD suivant :

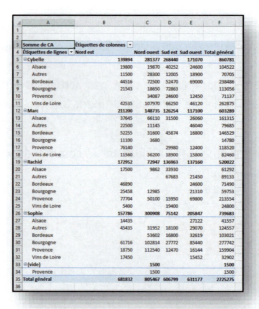

Le rapport TCD montre les CA par régions pour chacun des 4 représentants avec une sous décomposition par appellations.

Mais à la ligne 33, nous remarquons un CA de 1500 € pour un représentant « Vide » et une appellation « Provence » pour la région « Nord-Ouest ».

Il y a visiblement une erreur de saisie sur le nom du représentant auquel ce CA doit être attribué.

En effectuant une vérification, nous constatons que ce CA doit être attribué à Marc.

Il faut donc corriger le tableau source (à la ligne 40).

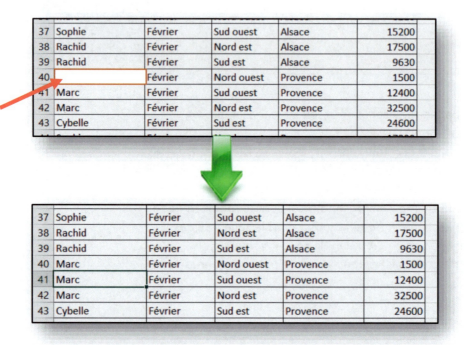

75

Le rapport TCD ne tient pas compte de cette modification du tableau source.

Il faut donc actualiser manuellement le TCD.
- Sélectionner une cellule du rapport TCD (par exemple A6),
- Activer le menu **ANALYSE**,
- Sélectionner la commande « **Actualiser** ».

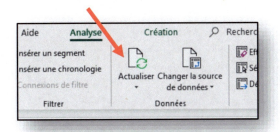

Le rapport TCD est automatiquement actualisé.

La ligne « Vide » a disparue et le CA de 1500 € a été ajouté au représentant Marc.

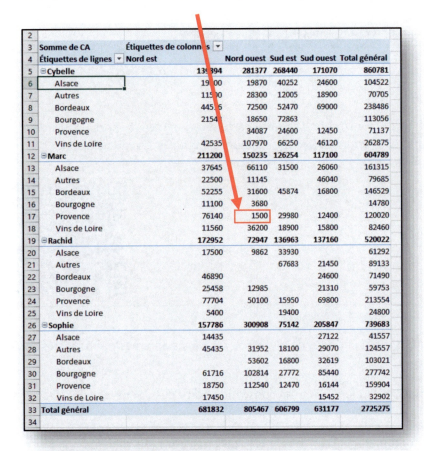

En sélectionnant une cellule du rapport TCD, vous pouvez utiliser :

Soit la combinaison de touche **ALT F5**,

Soit le clic sur le bouton droit de la souris pour afficher le menu contextuel et choisir la commande « Actualiser ».

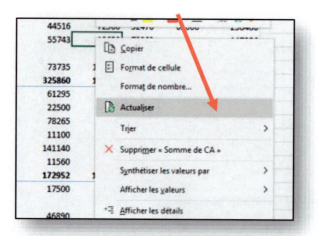

Actualiser le TCD après avoir complété le tableau source

Appuyer sur le projecteur pour visualiser une vidéo liée à ce chapitre :

Durée de la vidéo : 1:54

Cette vidéo de démonstration présente l'actualisation d'un rapport TCD, suite à la modification des données (ajout ou suppression de lignes) dans le tableau source.

Dans les cas d'analyses par périodes de temps, de nouvelles données viennent très souvent compléter un tableau source.

Dans notre exemple, le rapport TCD a été construit à partir des données collectées sur les six premiers de l'année.

L'idéal serait de continuer à utiliser ce rapport TCD au fil des mois suivants.

Le classeur « CA_représentants » contient une feuille de calcul nommée « Juillet » qu'il faudrait ajouter en bas du tableau source. Puis actualiser le rapport TCD en intégrant ce rajout.

- Activer la feuille « Juillet »,
- Sélectionner la plage de cellules A4 :E27,
- Copier,
- Activer la feuille « Suivi des ventes régionales »,
- Sélectionner la cellule A148,
- Coller,
- Activer la feuille « Feuil1 » (qui contient le rapport TCD),
- Sélectionner une cellule du rapport TCD (par exemple la cellule A6),
- Activer le menu **ANALYSE**,
- Sélectionner la commande « **Changer la source de données** »,
- Puis la sous-commande « **Changer la source de données** »,
- Une boîte de dialogue apparaît :

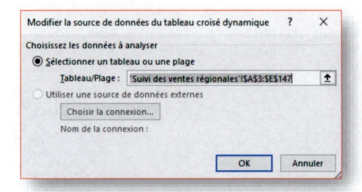

La case « **Tableau** » indique les références du tableau source en cours d'utilisation.

Il faut donc modifier la plage de références du nouveau tableau, soit $A$3:$E$171

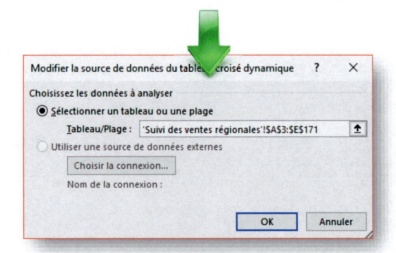

Le rapport TCD est actualisé automatiquement en intégrant les chiffres d'affaires du mois de Juillet dans les calculs.

12 – REGLER CERTAINES OPTIONS DU TCD

La boîte de dialogue « **Options de tableau croisé dynamique** » permet de contrôler plusieurs paramètres pour créer ou modifier un tableau croisé dynamique.

Classeur à télécharger

→ *Utiliser le classeur « CA_représentants_v2 ».*

Actualiser manuellement le TCD

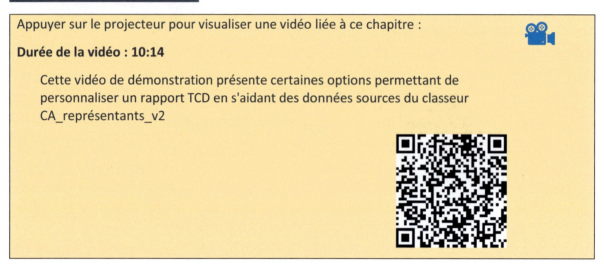

Appuyer sur le projecteur pour visualiser une vidéo liée à ce chapitre :

Durée de la vidéo : 10:14

Cette vidéo de démonstration présente certaines options permettant de personnaliser un rapport TCD en s'aidant des données sources du classeur CA_représentants_v2

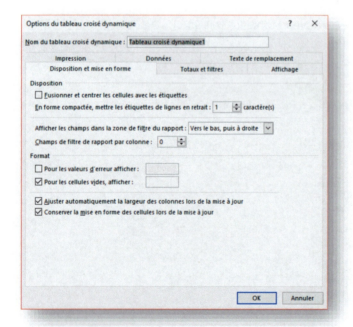

La boîte propose 7 types d'options :

- **Le nom**
- **Disposition et mise en forme**
- **Totaux et Filtres**
- **Affichage**
- **Impression**
- **Données**
- **Texte de remplacement**

Cette boîte est accessible selon deux méthodes :

- Cliquer sur une cellule du rapport TCD,
- A partir du ruban du menu-onglet **ANALYSE**,
- Ouvrir la liste déroulante « **Options** », puis la commande « **Options** ».

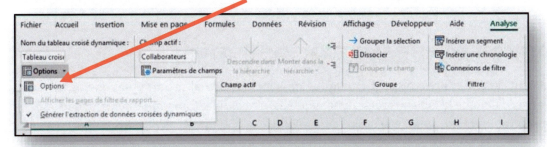

- Cliquer sur une cellule du rapport TCD,
- Appuyer sur le bouton droit de la souris pour ouvrir le menu contextuel,
- Sélectionner la commande « **Options du tableau croisé dynamique** ».

Changer le nom d'un TCD

Affiche le nom du tableau croisé dynamique.

Il peut donc être modifié à cet endroit.

Le nom donné par défaut pour le premier TCD créé dans le classeur est « **Tableau croisé dynamique1** »

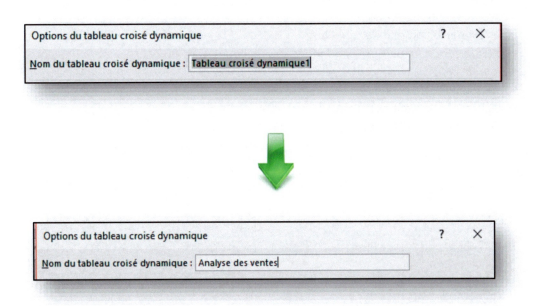

Il est intéressant d'avoir des noms de TCD si on a créé plusieurs rapport TCD dans son classeur.

Le nom du TCD en cours de sélection se retrouve à l'extrémité gauche du ruban du menu **ANALYSE**.

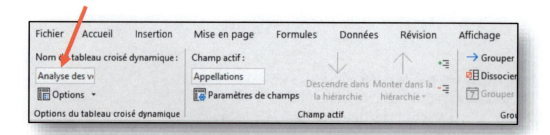

Actualiser des données automatiquement à l'ouverture du classeur

Par défaut, les tableaux croisés dynamiques ne sont pas actualisés automatiquement, mais vous pouvez spécifier que le tableau croisé dynamique est actualisé automatiquement lorsque vous ouvrez le classeur qui contient le tableau croisé dynamique.

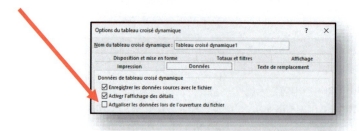

Exemple :

- Activer la feuille « Suivi des ventes régionales »,
- Sélectionner la cellule A4,
- Effacer le nom du représentant,
- Activer la feuille « Rapport TCD »,
- Sélectionner une cellule du rapport TCD,
- Activer le menu **ANALYSE**,
- Sélectionner la commande « **Options** »,
- Cocher la case « Actualiser les données lors de l'ouverture du fichier » dans l'onglet « **Données** »,
- Fermer la boîte de dialogue,
- Enregistrer le classeur et le fermer,
- Ouvrir le classeur « CA_représentants_v2 »,
- En bas du rapport TCD, une ligne avec l'étiquette « Vide » est présente.

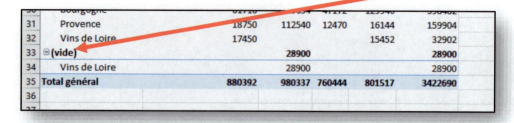

- Activer la feuille « Suivi des ventes régionales »,
- Sélectionner la cellule A4,
- Saisir le nom du représentant : « Cybelle »,

- Enregistrer le classeur et le fermer,
- Ouvrir le classeur « CA_représentants_v2 »,
- En bas du rapport TCD, une ligne avec l'étiquette « Vide » est présente.
- Activer la feuille « Rapport TCD »,
- En bas du rapport TCD, la ligne avec l'étiquette « Vide » n'existe plus.

Aérer les groupements avec des retraits plus importants

On peut afficher les regroupements avec un retrait plus ou moins prononcé des libellés.

Par défaut le retrait à une valeur de 1 caractère.

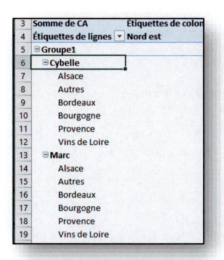 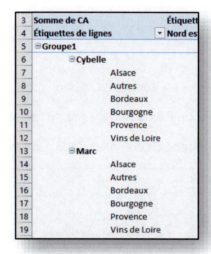

Exemple :

- Sélectionner les cellules A5 et A12 (avec la touche CTRL du clavier),
- Utiliser la commande « **Grouper…** » pour créer le groupe1,
- Sélectionner les cellules A20 et A28 (avec la touche CTRL du clavier),
- Utiliser la commande « **Grouper…** » pour créer le groupe2,
- Sélectionner une cellule du rapport TCD,
- Activer le menu **ANALYSE**,
- Sélectionner la commande « **Options** »,
- Modifier la valeur de l'option « En forme compactée, mettre les étiquettes de ligne en retrait » dans l'onglet « **Disposition et mise en forme** »,
- Choisir par exemple la valeur 6,

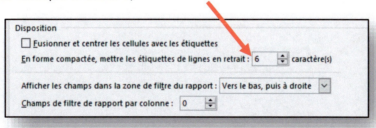

- Fermer la boîte de dialogue,

Les totaux généraux

Il est bien pratique d'obtenir automatiquement son rapport TCD avec les totaux généraux en lignes et en colonnes.

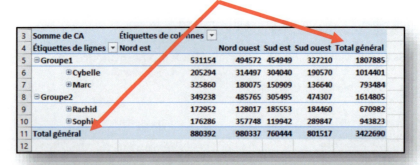

Cette possibilité est donnée par défaut, mais parfois on ne souhaite pas l'avoir.

Ou afficher le total en ligne mais pas en colonne, ou inversement.

Dans ce cas, il faudra gérer deux options proposées dans l'onglet « Totaux et filtres ».

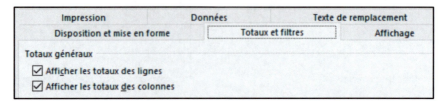

Cocher ou décocher les cases du bloc "**Totaux généraux**" pour afficher ou masquer les totaux des lignes et des colonnes.

Les boutons de regroupement

Les étiquettes des regroupements sont par défaut précédées des signes + et -.

Le bouton avec le signe + permet de développer le contenu du regroupement associé.

Le bouton avec le signe - permet de réduire le contenu du regroupement associé.

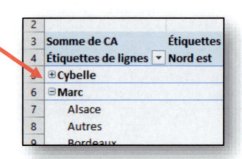

Il est possible de faire disparaître ces 2 boutons avec l'option "**Afficher les boutons Développer/Réduire**" qui est une case à cocher accessible à partir de l'onglet « **Affichage** ».

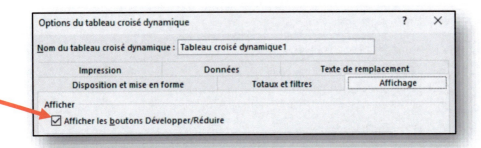

En décochant cette case, les boutons disparaissent, mais les éventuels regroupements restent.

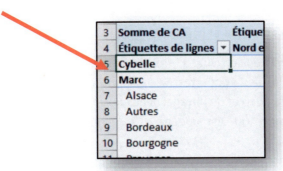

Un double-clic sur une étiquette de regroupement, permet de déployer celui-ci.

Dans l'exemple ci-dessus :

- Effectuer un double-clic sur la cellule A5 pour ouvrir le regroupement « Cybelle ».

Ou :

- Effectuer un double-clic sur la cellule A6 pour refermer le regroupement « Marc ».

Personnaliser l'affichage

Les info-bulles :

Des informations sur les différents éléments du tableau apparaissent au survol de la souris.

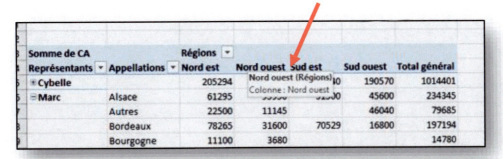

Il est possible de faire disparaître cette fonctionnalité avec l'option "**Afficher les info-bulles contextuelles**" qui est une case à cocher accessible à partir de l'onglet « Affichage ».

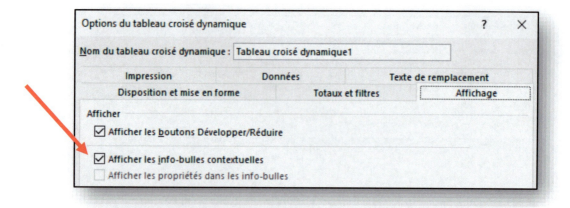

Afficher ou Masquer la légende des champs et listes de filtrage :

Pour rendre un tableau plus « propre » en vue d'impression ou d'une projection, il est possible d'afficher ou de masquer les libellés des étiquettes de lignes ou de colonnes, ainsi que les flèches permettant d'accéder aux sélections de tri et de filtrage, avec l'option "**Afficher la légende des champs et les listes déroulantes de filtrage**" qui est une case à cocher accessible à partir de l'onglet AFFICHAGE.

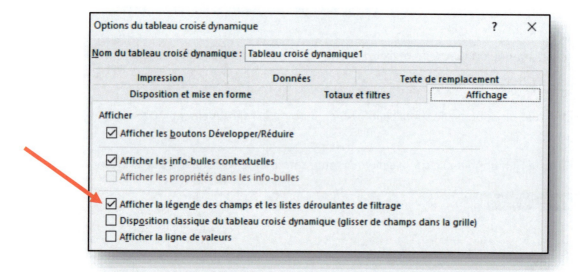

Evaluation Excel TCD

EVALUATION FINALE

L'auto-évaluation finale est proposée sous la forme d'un quiz.

Celui-ci peut être déclenché sur votre appareil à partir du pictogramme en bleu, ou sur smartphone et tablette à partir du QR Code.

Le total est sur 10 points.

A la fin du quiz, il est possible de vérifier ses réponses et de recommencer le quiz éventuellement.

Le quiz n'est pas chronométré.

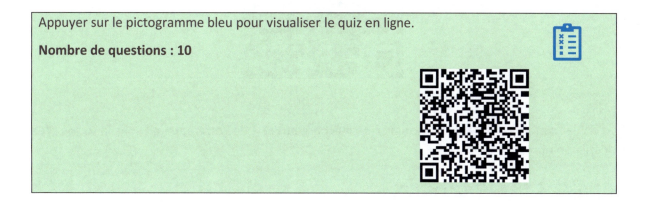

Appuyer sur le pictogramme bleu pour visualiser le quiz en ligne.

Nombre de questions : 10

Voici un second quiz spécifique aux filtres, aux segments et aux regroupements dans les rapports TCD

Le total est sur 10 points.

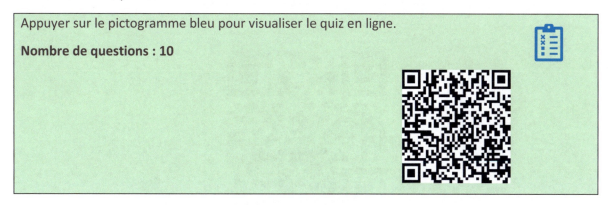

Appuyer sur le pictogramme bleu pour visualiser le quiz en ligne.

Nombre de questions : 10

TELECHARGER LES FICHIERS RESSOURCES

Vous pouvez télécharger sur votre appareil, les fichiers ressources (classeurs, documents, exercices, corrigés et images) utilisés dans ce livret en utilisant le lien ci-dessous ou en scannant le QR Code.

https://vu.fr/cBQe

Le fichier sera téléchargé dans le dossier « **Téléchargement** » de votre appareil sous la forme d'un dossier compressé.

PLAYLIST DES VIDEOS

Vous pouvez accéder directement à l'ensemble des vidéos de démonstration à partir d'une playlist youtube :

https://urlz.fr/oC78

Pour suivre les parutions **azuratec** sur amazon.fr :

Pour nous écrire un courriel

tutodinfo@azuratec.com

Nos autres publications pour la bureautique

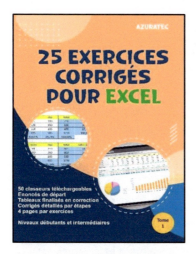

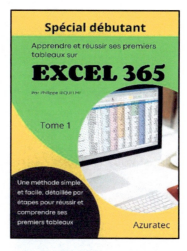
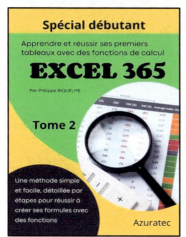

https://publication.azuratec.com/

La qualité de nos livres

Svp, si vous constatez certaines erreurs ou imprécisions, n'hésitez pas à nous en faire part

Pour nous écrire un courriel

tutodinfo@azuratec.com

L'ensemble des exercices proposés sont habituellement utilisés durant des formations. Les fonctionnalités choisies sont les plus courantes. N'hésitez pas à nous proposer des idées d'exercices sur d'autres fonctionnalités.

Ce livre a été publié pour la première fois le 21 février 2022

Dernière mise à jour corrective faite le 24 novembre 2023

Printed in France by Amazon
Brétigny-sur-Orge, FR

20832644R00054